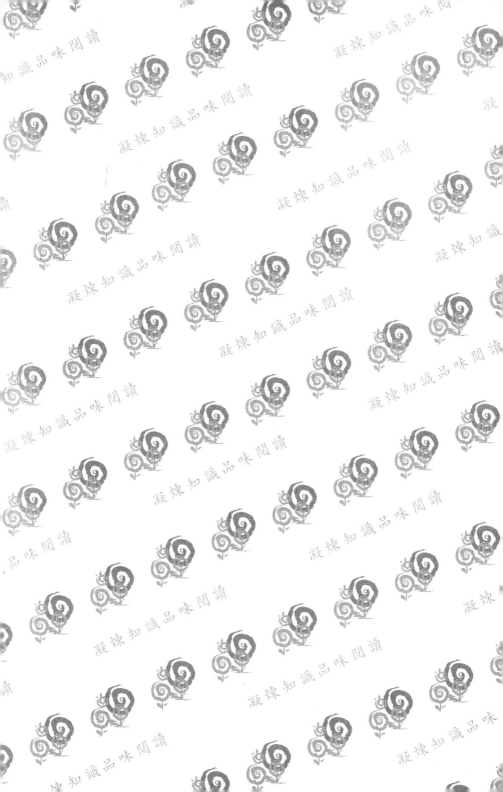

小學生寫作文從這裡開始

高詩佳 著

推薦序

從故事中自然地學習作文

每年暑假，我都會跟孩子從全世界尋找一個地方來居住。我們不一定選擇大都市，去的地方也可能是荒蕪人煙的地方。例如，去年我們去澳洲南端很接近南極的小島，而今年此時，我們正在加拿大中部的大草原，從窗外看著一望無際的平原，外面的風很強，我坐在屋內端著一杯咖啡，非常愉快地看著這本《小學生寫作文從這裡開始》裡那一篇又一篇迷人有趣的小故事。

我一直認為語文的學習，應該要生活化與趣味化，才能直接打入學習者的心坎。例如，學習英文，我不會去參加遊學團，今年我就直接帶孩子來到加拿大中部的荒涼草原省，這裡人口稀少，少有華人會來這裡。國小四年級的大女兒喜歡打籃球，我們就讓她去當地的籃球學校打球；國小一年級的小女兒覺得體操有趣，我們就讓她去當地體操館學體操。我可以看到大女兒在兩隊打球競爭中，隊友將球投入籃框時，大家一起拍手歡叫的景象；結束後大家圍繞著一起吃東西，歡樂融融。小女兒開心地和一群小孩子打滾翻，嘰嘰喳喳很開心地和大家玩成一團。孩子雖然沒有拿著書本唸英文，但是語文的能力，卻是在開心、毫無壓力的氣氛下，不知不覺、無痛苦的學習起來了。

而作文的學習也一樣。學習作文若是能夠生活化、趣味化，除了學習起來毫無壓力，同時也充滿樂趣，效率更是驚人。記得我小時候學作文，還是在背誦的年代，在那個心裡想著兔寶寶、頑皮豹、小魔女的年齡，拿著《少年幼學瓊林》一字一句地背，還要背很多範句，於是囫圇吞棗背一堆我們搞不懂的東西，寫出來的作文，往往是遠超過我們實際年齡的愛國愛鄉的偉大情操，毫無創造力與生命力。因此，對學生來說，寫作文是件很痛苦的事，寫的內容是什麼也不知道，反正大家都這樣，將一堆背的範句、詞藻堆砌起來就想交差了事，內容不外乎是暑假去外婆家玩，外婆家永遠不是在深山中就是在大海邊。所以，作文對我們來說，一直是一種難事。

自從我的孩子讀小學，開始接觸寫作後，我便開始思考一個問題：學習作文難道不能生動、活潑、有趣嗎？如果能有一本作文書，像故事書一樣吸引孩子的學習興趣，而非傳統的範文臨摹背誦方式，它就能讓孩子從精采的故事中啟發想像力，再順勢講述文字表達與語詞的運用，這樣便能吸引孩子，讓孩子以輕鬆愉快的態度自然地學習作文。就如同我女兒從打籃球與體操中，很輕鬆地學習英語。如果有這種作文書，便可以讓孩子從故事中得到樂趣，並且可以很有效率地訓練出作文能力，學習作文再也不會是苦差事了。

很遺憾的，以往在坊間所看到的作文書，大部分都是許多徒有範文與枯燥無趣的習題，讓人跟著習作的作文範本而已。因此，為何我們不能擁有一本以故事化、趣味化，啟發我們孩子樂於寫作的作文書呢？

直到今年，終於令人雀躍地發現，有作者很用心地以小朋友學習的角度來完成這套學習作文的書。年輕的作者詩佳老師，多年來一直從事專業的作文教學，有豐富的作文教學經驗。她在本書以一連串精采的故事當起頭，從故事中慢慢循序漸進地引導孩子，自然地學習文詞的運用與寫作技巧，讓孩子進入了從「小魔女」開頭，吸引人且風趣的故事王國中，並快樂、輕鬆、有效率地學習作文。

這本書不僅適合一般孩子作為學習作文的入門書，更適合教師用來當作上課的教材。它符合了我認同的教育方式——要本於孩子的心來學習。所以，我很誠懇地推薦它，更高興有這套書能夠出現在市面上。

玉珍齋（創立於清光緒三年）第五代負責人
鹿港文教基金會副董事長
黃一彬

推薦序

有些人能唱，其他人就不行！

電影經典名作「Citizen Kane」（大國民）裡，扮演聲樂老師的Orson Welles（歐森．威爾斯）在電影中有一句著名的台詞：Some people can sing, others can't.（有些人能唱，其他人就不行！）可說一語道盡了「天賦」的重要性，天賦是與生俱來的本質，每個人都具有天賦，只是本能不同而已。

兒童的天賦最容易被啟發、被激起潛力，而成為天才。我們常說：他有唱歌的「天分」、寫作的「天才」，就是這樣。這也是有的人經過栽培之後，能成為歌唱家、聲樂家或小說家、文學家……的緣故。但最要緊的是：發掘孩子的天賦，是需要自然引導的，而不是強求塑造的。

從詩佳老師的第一本書《讓學生不想下課的作文課》到《小學生寫作文從這裡開始》，這二本教寫作文的書，全是從創造創意的方式出發，自然引導小朋友的天賦，再輔以遊戲活動，牢牢地吸引住孩子們的注意力（並非討好學生），進一步發掘孩子們的寫作天賦，使他們能夠流暢地述說童稚的幻想、表達孩提的故事。

比較起坊間的作文教學參考書，詩佳老師的作文書別具一格。一般教寫作文的書籍，只是讓孩子們背誦一些名言、名句、成語、範文，結果每個孩子寫出來的作品，都像「大同電鍋」一樣——一個模子造出來的。詩佳老師則從孩子們的角度，把周遭發生的事情變成故事，教孩子們說故事、寫故事，使用圖像、舉例和比喻，在課堂上講故事，玩激發創意的遊戲，在教學中添加戲劇氣氛，發掘孩子們的寫作天賦，使小朋友視為枯燥乏味的作文課，變得活靈活現、生動有趣。

引導孩子們對周遭的事物產生「感覺」，刺激小朋友的心靈，使其體驗「感受」，讓孩子寫出有「感情」的文字。我想，這應該是詩佳老師撰寫這一系列作文書的理想吧！因此，筆者特別撰文推薦本書。

全球模考股份有限公司總經理
中華民國國際職能教育發展協會執行長
多益普及英語測驗協辦中心執行長

自序

作文？It's a Piece of Cake!

給家長和老師

作文，就像吃一塊蛋糕一樣簡單！

要讓作文成為一件簡單的事，關鍵就在孩子對於「寫作是什麼？」和「寫不好的原因是什麼？」這兩個問題，有沒有足夠的認識與體悟。

從事作文教學的這幾年，經常會遇到焦急的家長對我說：「我的孩子說起話來滔滔不絕，口才好得很！可是，寫作前雖然能把想寫的內容說出來，下筆的時候卻又寫不出來，這到底是怎麼回事？」

其實，造成孩子「說得出口」卻「寫不入手」的現象，是因為說話與書寫，畢竟是兩種不同的層次。

單就從「思考」到「表達」的速度來看，說話可以不需經過大腦，迅速地反應出來，因此有了「講話不經大腦」這句俗語；書寫則需要較長時間去思考、醞釀，在腦中進行取捨之後，才用筆書寫出來。所以孩子的說話能力與書寫能力，是不能畫上等號的。

寫作的過程，是一連串生理與心理的活動，較說話、表演具有更高層次的表現，因為寫作強調組織、剪裁、觀察與想像，因此寫作比起說話，要更細緻優美許多。

即使是白話文，用詞遣字仍然比說話更精練，除了寫出精練的語句，按照題目的要求蒐集寫作材料，還要注意段落結構的組織，有條理的敘述，運用各種技巧來美化詞句，提升文章的美感。寫作正是統合邏輯思考、組織表達、創意想像等能力的綜合訓練。

在一連串的書寫活動結束後，孩子就能獲得邏輯力、分析力、創意與美感，可以訓練孩子在書寫中整理思緒，培養思考力，做個會思考的小孩。由此可知，作文並不只是應付考試、作業，更是讓孩子鍛鍊頭腦的綜合訓練。

要解決孩子作文「說得出口，寫不入手」的問題，唯有從思考引導著手。家長與教師可以幫助孩子，運用各種方法引導孩子思考，在孩子寫作前，利用本書每一堂課的「小小練習」及活動、遊戲，帶著孩子尋找寫作材料，並組織段落結構，而不是任由孩子想到什麼就寫什麼。

若是忽視思考訓練，讓孩子隨想隨寫，或者由家長口述，讓孩子照著抄寫，孩子就不會思考，結果是寫出一篇篇鬆散、毫無組織的文章，對作文能力並沒有幫助。

我們必須知道，教會孩子思考、找尋靈感、架構段落，才是解決孩子「寫不出來」的方法，而運用有趣的練習題和如遊戲般的親子互動，則可使孩子樂於寫作，不再害怕寫作，更能增進親子關係。

讓孩子閱讀作文參考書，徒作紙上談兵，不如運用本書的各種練習與活動設計，帶著孩子增進常識、增廣見聞；與其讓孩子閱讀理論性的摹寫技巧，不如實際帶著孩子練習視覺、聽覺、嗅覺、味覺、觸覺等感知能力，再藉著本書的課程，學會將自己的感知感受化為文字，寫在作文中。如此，作文能力自然與日俱增。

對家長而言，可從本書所設計的問答題目，與孩子共同討論、玩遊戲、做練習、說故事，這些引導過程，能增進親子關係與互動，並帶領孩子認識種種事物，父母與孩子可以一起成長。

對教師而言，則可從本書設計的各種練習

與課程活動，讓作文課成為活潑、有創意的課，拋棄僵化和填鴨式的作文教學方式，使學生不再害怕作文。教師可藉由教學活動提升創意力，正是所謂的「教學相長」。

本書的撰寫精神重視創意與互動，強調想像力的激發，藉由回憶舊經驗、創造新經驗，以豐富孩子的生活，加強觀察力；同時藉著親子互動、師生的討論，引導孩子的思路，促進思考力，學會將蒐集到的寫作材料組織成篇，使文章言之有物。

您可以帶著孩子閱讀「故事屋」裡的小故事，先引起孩子的注意與興趣，接著進入課程主題，帶孩子認識各種寫作的知識與技巧。每當認識一種寫作知識，就讓孩子做各種有趣的「小小練習」，溫習剛才所學會的內容。

完成練習後，您可與孩子一同進入「主曲」單元，按照「主曲」裡的活動、遊戲或問答討論，讓孩子在輕鬆的氣氛下學會寫作。最後，從「學習單」的練習，將寫作材料組織起來，完成文章，課後並附有範文可供參考或檢討。

學習作文應該在輕鬆有趣的情境下進行，本書對於練習題的設計，格外用心，除了讓家長、教師能參與孩子的學習，更考量讓孩子能自己獨力學習，獨自思考與寫作，因此本書所有的練習與活動，均可在師長互動或孩子的自行學習中完成。

拙作《讓學生不想下課的作文課》與《小學生寫作文五十二變》，可作為本書的輔助教材，前者能幫助教師及家長輕鬆引導孩子思考，順利地掌握教學課程與脈絡，後者則讓孩子從閱讀範文中，培養閱讀能力，藉著範文前的「說明引導」尋找材料和方向，再由「老師講評」學會欣賞文章，吸取經驗，成為寫作的參考。三書配合使用，將使您的孩子成為有創意、具思考力和寫作優勢的小孩！

給小朋友的話

親愛的小朋友，當你拿到這本有故事、有圖畫、有遊戲練習的可愛小書，第一件事就是要知道：寫作是為了什麼？

寫作不是寫考卷，也不是為了應付爸媽和老師，寫作其實是你對生活的觀察和思考的一種方式，它可以訓練你的頭腦，讓你變得更聰明。

雖然寫作有點累人，過程中要不斷地寫、寫、寫，多少會讓你感覺疲憊，但是，寫作卻可以讓你的英文、數學等學科，變得更好喔！

你一定不知道，國語文能力會影響你對其他學科的理解和判斷。如果你的作文不好，可能會影響你對數學、社會科題目的理解，也會影響你的英文翻譯能力（英翻中、中翻英），更不必說日常生活的表達了。

國小階段正是打基礎的黃金時期，身為小學生的你，更應該把握練習的機會，加強寫作能力！

在寫作前，你必須先熱身一下，調整寫作的心態，因為它們是寫作的出發點，是基本功夫，就像練功時必須先學會紮馬步、練內功。等你建立好心態，就能順利地開始進行一篇文章。

不要停止練習

當你開始接觸寫作，就不要停止練習，因為這是一門需要累積，才會有所成就的學科。

記得，在寫作時，你的身邊不要有使人打斷思緒的干擾，例如隔壁的同學找你聊天，或要和你討論靈感、問你字該怎麼寫，你就要禮貌地請他們詢問老師。

寫作一定要專心，要持續不斷地寫。

寫想寫的內容

你應該寫出自己想寫的東西，發揮聯想力和創意。要知道，在寫作中，你不會因為想像力太豐富而被大人責備，因為我們寫作時可以自由幻想，穿越過去和未來，可以到宇宙去，也可以遇見小王子或白雪公主，和他們悠閒地喝著下午茶。

寫作的世界是自由的，所以想到什麼，就勇敢地寫出來吧！

具體的描述

寫文章一定要有具體的描述，當你寫到「花」的時候，記得要寫清楚是「玫瑰花」，還是「百合花」；寫「鳥」，記得要寫清楚是「麻雀」，還是「九官鳥」，並描述牠們的特徵。把「花」、「鳥」等沒有感情、沒有畫面的「名詞」，變成活生生而具體的形象，才能將事物描寫得栩栩如生。

不要想太久

寫作時不要想太久，因為「靈感」是突然而來的，你應該用最快的速度，回憶老師的引導和討論，還有剛剛在課堂上得到的材料。如果你花了太多時間想「下面要怎麼寫」，又害羞地不去請教老師或爸媽，就可能真的寫不出來了。

要接納自己

你要有面對寫出「爛文章」的勇氣，要知道，有時我們會寫出幾篇爛文章，就算是成名的作家也不例外，這並沒有什麼關係，只要你持續地練習寫作，累積經驗，爛文章就會慢慢變成

「好文章」，而你也會越寫越有自信喔！

要多多閱讀

除了建立寫作的心態，還需要外在的養分才能滋養你，讓你寫出充實的內容，那就是閱讀。你要「多閱讀」，從事寫作卻不閱讀的人，就像棒球投手對他的對手和隊友漠不關心，只顧著投自己的球。我們要多欣賞別人的作品，才能得到許多寫作的心得。

如何使用這本書

小朋友，當你打開這本書，會先在「故事屋」看到一篇小故事，請閱讀完後回答故事的問題。接著，就進入課程主題，你可以跟著課文認識各種寫作的知識與技巧，每當認識一種寫作知識，就在「小小練習」做有趣的題目，溫習剛才所學會的內容。

做完「小小練習」，你就會進入「主曲」單元，按照「主曲」裡的活動、遊戲或問答討論，在輕鬆的氣氛下學會寫作。你可以自己練習，或和爸爸媽媽一起完成活動。

最後，從「學習單」的練習，將寫作材料組織起來，完成文章，課後並附有範文可讓你參考或檢討。

高詩佳

CONTENTS 目錄

組成課堂
的八個小螺絲釘

組成課堂的八個小螺絲釘

小朋友，這八個小小的螺絲釘，在本書的作文課堂裡，扮演重要角色，缺一不可喔！它們分別是：故事屋、前奏、主曲、尾聲、詩佳老師說作文、學習單、基測補帖。現在就一一介紹它們出場！

故事屋

本書在每堂課的開頭，都有一個小故事，內容有魔法故事、小學生的故事、名人傳記、中國古代的經典故事、童話故事等。讓你在開始學習前，先讀完有趣的故事，以便掌握本課的重點。

前奏

課堂第一階段的前奏，是說明本課所教的寫作技巧，還附上許多好玩的「小小練習」，讓你能很快地複習學到的寫作技巧。

主曲

課堂第二階段的主曲，是本課的綜合練習，這裡的活動比較大、比較豐富、也更有趣。你自己一個人，也可以和老師或爸爸媽媽，一起完成綜合練習。

尾聲

開始寫作前，先閱讀作文的引導「說明」，讓你對題目和寫法有清楚的了解，就不會不知道怎麼下筆了。

範文示例

讓你參考範文的內容，從裡面得到靈感，也可從中得到閱讀的趣味。

詩佳老師說作文

當你讀完範文，就看看老師的講評。詩佳老師會對範文提出建議，你可以參考老師的建議，來修改自己的作文。

學習單

本書的「學習單」，和課文以及練習活動互相配合。做完學習單上面的練習，可幫助你蒐集寫作材料，作文就不怕沒東西可寫了。

測驗一下

為高年級的小朋友貼心附上「測驗一下」。從許多大考的考題中，選出與課堂相關的題目進行分析解答，讓你提早熟悉大考考題。

第一課

啟發想像力

小魔女雲兒

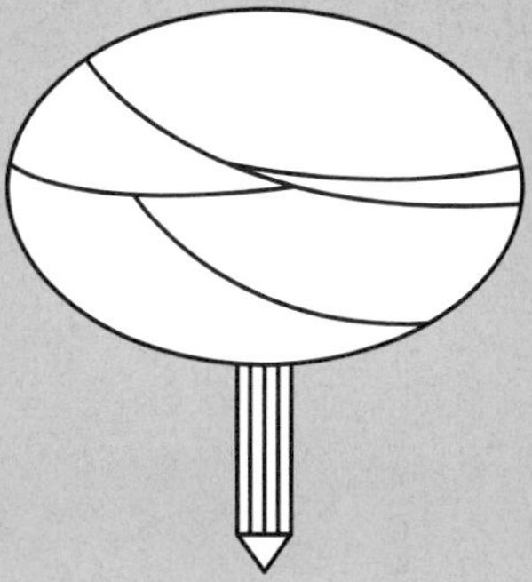

UNIT 1

啟發想像力
小魔女雲兒

● 故事屋

小魔女大鬥法

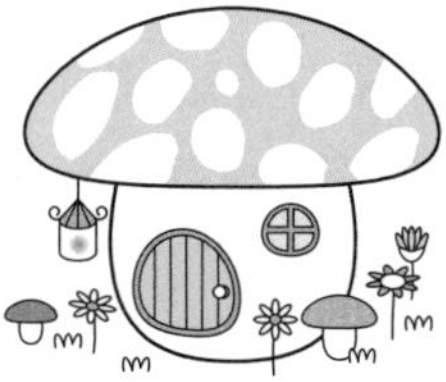

小魔女風兒、雨兒和雪兒，都是太陽神的女兒，她們各自擁有神奇的魔法。

因為在天宮的日子實在太無聊了，有一天，三個小魔女決定舉辦一場才藝比賽，誰贏了，誰就可以在今年的魔女運動會上，穿著美美的花衣裳，乘坐花車參加遊行。

個性有些驕縱的風兒，首先站前一步，說：「我能使幾百棵樹木在一秒內，就倒在地上。」

只見風兒的雙手叉（ㄔㄚ）腰，深呼吸，再用力地吹一口氣，果然使得天地震動，地面的樹木紛紛倒下、折斷，連三隻小豬蓋的房子都被吹倒了，讓大野狼看得目瞪口呆。

小魔女雨兒看到風姐姐的威力，卻一點也不害怕，因為她是個很有自信的女孩，她說：「我可以使高山崩塌（ㄊㄚ），使房屋被水沖走，隨水逐流。」

於是雨兒便閉上眼睛，一會兒，從她眼中落下幾滴晶瑩的淚珠，掉落人間，但是幾滴淚又瞬（ㄕㄨㄣˋ）間變成大雨，狂風加上驟（ㄗㄡˋ）雨，這種景象十分嚇人，連許仙出家的金山寺都給淹沒了，白娘娘只好趕快施法，把許仙救出來。

「姐姐們的本領確實高強。」妹妹雪兒說。小魔女雪兒是個文靜的女孩，平常，她只愛靜靜的，穿著一身雪白衣裳，坐在北極看著七彩的北極光出神。

雪兒慢慢地說：「姐姐的魔法雖然厲害，但是和我的比起來，就不算什麼了。」話才講完，天空已經飄下六角形的雪花，草木紛紛枯萎（ㄨㄟ），雨水也結成冰，成了一條條的「冰棒」，地瓜硬得像石頭，正在燃燒的爐火也不敵寒氣而熄滅，連聖誕老人都被凍得躲在家裡，不敢出門送禮物給小朋友。

風兒、雨兒看到這種情形，只好一邊發著抖，一邊對雪兒妹妹說：「我們知道了，還是妹妹的魔法最厲害，現在，讓我們姐妹三個進房間，來杯熱咖啡吧！真的是凍死人了。」

從此以後，小魔女姐妹們再也不敢和雪兒比賽才藝了。

小朋友，讀完這個小故事，請問：

1.在這個故事裡，總共出現幾種魔法？

2.哪些句子使用到誇大法呢？

一、前奏：你的想像力有多強？

作文與想像

想像力對作文來說，是非常重要的喔！平常，小朋友應該好好地觀察生活周圍的事物，包括人的外表、個性、動作、講過的話、動物、植物、自然景物、你的房間及家中擺設等。再來是仔細讀這本小書，學習觀察的技巧，練習從觀察中進行聯想，才能刺激想像力，最後再把這些想像到的東西，用文字描寫出來。

一篇沒有想像力的文章，就像是「沒有加上焦糖的蛋塔，平淡無味」，所以，小朋友要充分發揮想像力，創造出屬於自己的想像世界。

童詩與想像

小朋友都喜歡讀的童詩，也非常需要想像力呢！如果作者沒有想像力，寫出來的東西，就會讓你覺得「好冷」、「好無趣」。

如果你要寫一首跟「風」有關的詩，卻只能用「吹得很強」這種普通的文字來寫，是沒有辦法感動別人的，因為這樣的詩，一點想像力都沒有。可是如果你發揮想像力，寫成：「風，是個行蹤不定的旅行達人，一會兒吹到山邊，一會兒吹到海邊，偶爾還會在平地轉圈圈。」是不是有趣得多呢？

只要跳出平常思考的框框，從另一個角度去想事情，再加上一些趣味性，小朋友的想像力就會變得更豐富。

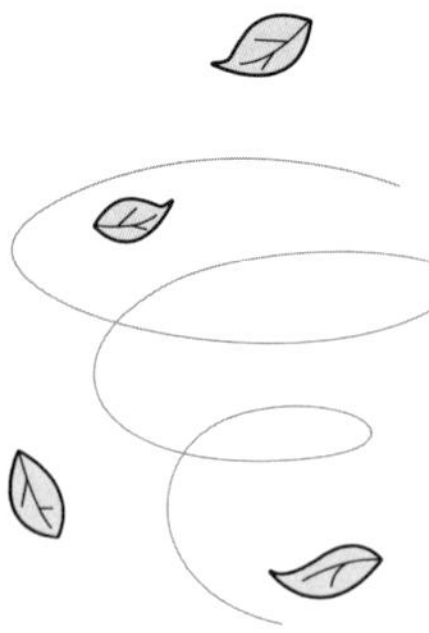

請你跳出平常的思考框框，替「風吹」寫出有趣的句子吧！

例 風跑得很快，一下子到東，一下子到西。

1.

。

2.

。

3.

。

心智繪圖

小朋友可以在家裡玩「心智繪圖」，刺激自己的反應力、聯想力及想像力喔！如果你常常自己動手畫心智圖，頭腦就會變得非常靈活。

首先在一張紙上寫出或畫出題目，這就是你要聯想的主題，再從主題將有關聯的事物分支出來，用文字或圖畫來代表。

例如，題目是「巧克力」，有人就會從巧克力聯想到情人節，再聯想到情侶、結婚、小孩子、上學等等，可以無限制地想下去。

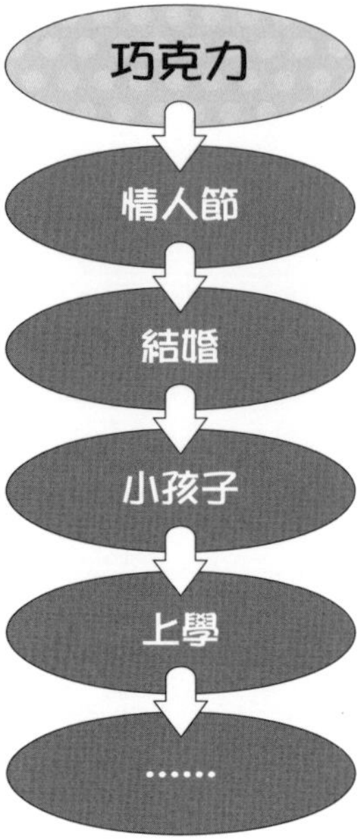

或是用畫畫來表現：

還可以像編蜘蛛網一樣，作放射狀聯想。

例如題目是「鉛筆」，有人一下子就聯想到「寫作業」，有人則聯想到「橡皮擦」，每個人聯想的方向都不太一樣。

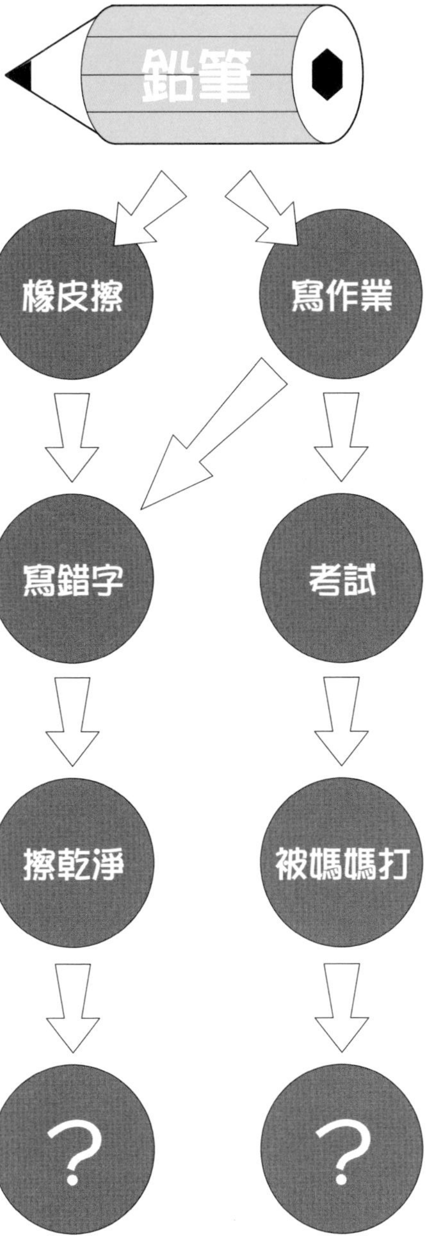

請你為每個題目各寫出五個聯想，也可以用畫的喔！

1. 媽媽

2. 火星文

3. 黃金甲

4. 牛肉麵

5. 星光

圖形的聯想

除了動動頭腦，畫出心智圖以外，也可以在看到某個圖形時，就開始運轉大腦，進行聯想。

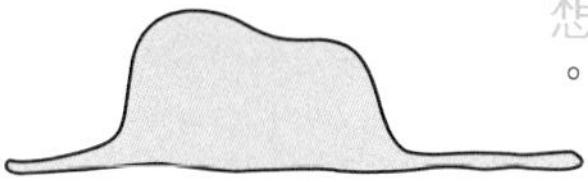

有名的故事書聖・修伯里的《小王子》，出現這樣的例子：作者在六歲的時候，曾看過一本書裡的圖，於是就照著圖片的意思，也畫了一張畫，那是一個長得像帽子的圖。

他拿畫好的圖給大人看，結果所有的大人都覺得它是頂帽子，但它的確不是帽子，而是一隻吞下大象的蛇。作者為了讓大人看懂，只好再畫出蛇的內部：

如果你覺得你的想像力比大人好，就請你想出除了帽子和蛇的內部以外的創意，並畫在下圖中！

請在上面畫圖，來表現你的創意：

我畫的圖

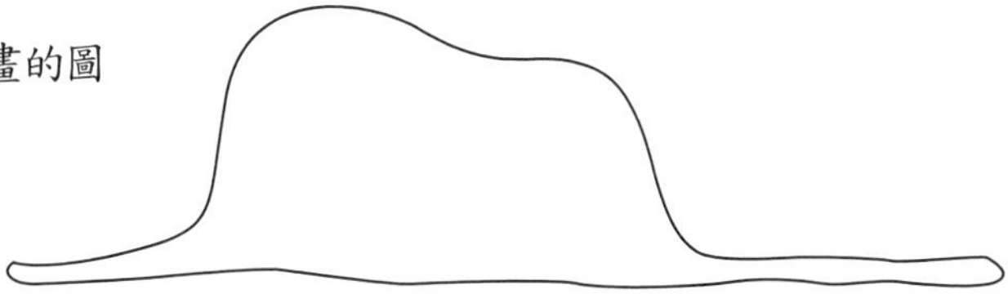

這張圖片畫的可能是：

1. 一頂帽子。
2. 蟒蛇吞象。
3.
4.

。

請你看著這些圖，想像它像什麼，然後造出句子來：

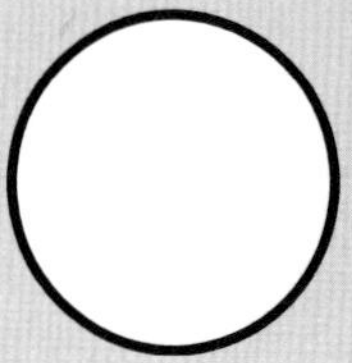

例

這張圖片像鏡子。
造句：鏡子像是我最忠實的朋友，它能告訴我，我的缺點和優點。

1.

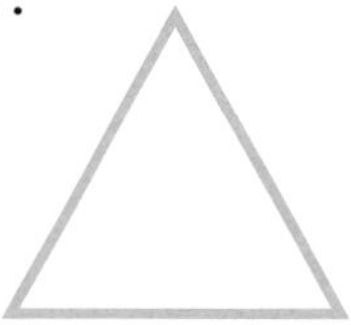

這張圖片像__________。
造句：

____。

2.

這張圖片像__________。
造句：

____。

3.

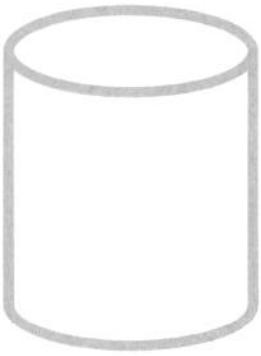

這張圖片像__________。
造句：

____。

詞語集合造句

除了用圖形來聯想，小朋友也可以利用文字進行聯想。首先從許多詞語中，選出你要的幾個詞語，然後利用這些詞語來造句。

剛開始，只要選出兩個詞語就好，等你比較熟悉，再慢慢增加詞語的數量。舉例來說，老師先選出「狼、月亮、山丘」這幾個詞語，然後用這三個詞語來造句：「每到月亮圓得像面鏡子的時候，狼總會站在山丘上，對著月亮吠（ㄈㄟˋ）叫。」

現在就來試試看！

請從詞語庫中，選出你要的詞語，並造出適當的句子。

詞語庫

螞蟻	友情	船隻	快樂	眼淚	珍珠	天使	傷心	蝗蟲
暴風雨	青蛙	雲	雨點	時間	夢	風	稻田	大海
夏天	唱歌	山	跳舞	水	落葉	陽光	勤勞	思念

1.選出兩個詞語：＿＿＿＿＿、＿＿＿＿＿
造句：

。

2.選出兩個詞語：＿＿＿＿＿、＿＿＿＿＿
造句：

。

3.選出兩個詞語：＿＿＿＿＿、＿＿＿＿＿
造句：

。

二、主曲：看雲玩聯想

雲的常識

如果小朋友想成為想像力豐富的人，可以先從**觀察大自然**開始，觀察天氣的變化。只要有機會走出戶外，隨時抬頭，就能看到天上飄動的雲，那是你最好的觀察對象。

雲的形狀很多，有魚鱗（ㄌㄧㄣˊ）狀、水波狀、棉絮狀、層狀、弧狀、輻（ㄈㄨˊ）射狀等等，隨著空氣溼度和氣流的不同，而產生各種變化，型態多而複雜。

其中卷雲的形狀長得像羽毛，純白色絲狀，如鳥羽或白髮、馬尾；層雲則看不出是什麼形狀，總是霧一般灰濛濛的，就像一塊灰色的布幕，遮住整個天空；積雲看起來一團團的，就像棉花，頂端部位高高的，又像一顆花椰菜。

卷雲

層雲

積雲

雲是這麼多變，當你看著雲，是不是會開始想像，這朵雲長得像潛水艇（ㄊㄧㄥˇ），或那朵雲看起來像小狗的臉呢？就讓我們從看雲開始，發揮一下想像力吧！

和叮噹比想像

有一位「好奇」國小的小學生「叮噹」，看過這四張雲的圖片以後，歪著頭，想了想，就動手拿起畫筆，在圖片上畫出他的想像。仔細看「叮噹」畫的圖案，還真的挺可愛的。

相信你的想像力，一定比「叮噹」更豐富，現在，就請你看看下面這幾張圖，然後拿起畫筆，自己動手，在「我畫的圖」上畫出心中對雲的想像吧！

雲1

我畫的圖

叮噹畫的圖

叮噹說：我覺得這片雲像一隻奔跑的兔子。

可是，我覺得這片雲像＿＿＿＿＿＿＿＿＿＿＿＿。

雲2

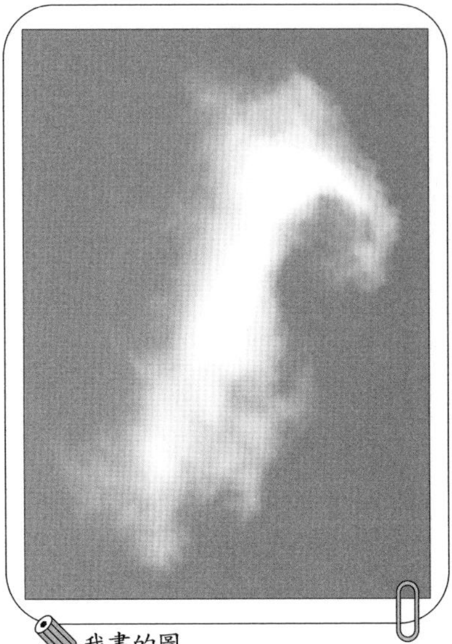

我畫的圖

叮噹畫的圖

叮噹說：我覺得這片雲像一匹正在跳舞的馬。

可是，我覺得這片雲像

。

雲3

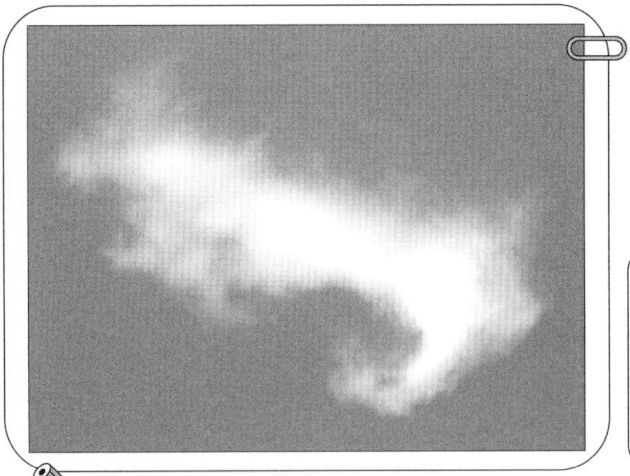

我畫的圖

叮噹畫的圖

叮噹說：我覺得這片雲像一隻身上有斑紋的老虎。

可是，我覺得這片雲像

。

雲4

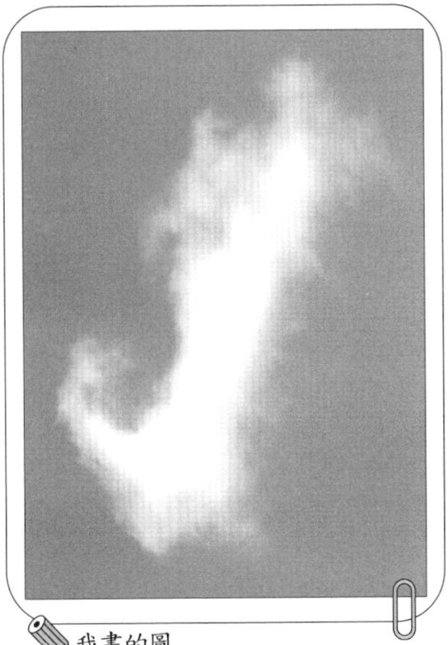

我畫的圖

叮噹畫的圖

叮噹說：我覺得這片雲像一隻眼神很怪的海馬。

可是，我覺得這片雲像＿＿＿＿＿＿＿＿＿＿＿＿＿＿＿＿＿＿＿＿＿＿＿＿＿＿＿。

三、尾聲：作文

題目：小魔女雲兒

說明：

許多老師都出過關於雲的題目，如「雲的聯想」、「雲」、「如果我是雲」、「山和雲的對話」等，我們今天要用不同的方式，寫出心中的雲。

每個人都看過雲，雲給人的印象就是千變萬化，不管你身在什麼地方，都看得到它。雲是多變的，這種特性，使它成為很好的寫作對象。

建議小朋友在觀察雲以後，利用譬喻法，寫出雲的形狀、顏色等變化，究竟是像什麼？並在結尾用感想法，寫下對這些變化的想法和感覺。

你也可以把雲當成有生命的人物，用擬人法來寫，搭上「哈利波特」的魔法風潮，想像雲是個擁有魔法的小魔女，幫她取個名字，決定小魔女雲兒的個性、法力，甚至長相、穿著，用寫人的方法來寫雲。

本課的「形象樹」，能幫助你想出小魔女雲兒的基本資料，從她的外表、內在到法力，讓你很容易找到寫作材料。寫作文時，可參考在形象樹組合出的小魔女形象，寫出你的小魔女雲兒。

範文示例：

小魔女雲兒

雲兒是個調皮的小魔女，她的魔術棒，可以變出各式各樣的圖案，她乘坐的掃把，比哈利波特的「光輪兩千」還要迅速。

雲兒的個性非常善良，時常幫助水神吹起雪白的浪，滿足他的表演欲，幫助土地公公滋潤乾燥的大地，為他擦上護膚水，也幫助太陽公公遮住他的紅臉，以免人們見了他，就躲到屋簷(ㄧㄢˊ)底下。

雲兒也十分愛護動物，在雲的世界裡，到處可以看到各種動物跑來跑去：有兔子一跳一跳地，嘴巴還叼(ㄉㄧㄠ)著蘿蔔，有老虎翹著尾巴，正在追趕牠的獵物，也有海馬搖晃著身體，嘟起細細長長的嘴，和海星鬧著彆(ㄅㄧㄝˋ)扭。

雲兒是人們的好朋友，在我們無聊的時候，她變出許多東西給我們觀賞，在我們傷心的時候，她會聽我們談心，有時候還陪著我們一起掉眼淚，變成了雨滴。雲兒了解我們的心情，真是人類的好朋友啊！

學 習 單

小魔女雲兒的形象樹

小朋友，「小魔女雲兒」是雲界的女神喔！擁有神奇的法力。你能想出雲兒有什麼樣的法力呢？她的個性是怎樣？請用下面的「形象樹」，把你想到的都寫出來吧！

詩佳老師說作文

「小魔女雲兒」是一篇寫得很可愛的文章，它充分利用「擬人化」的方式，想像天空中千變萬化的雲朵，是一個擁有魔法的小女孩，可以隨時變化成各種有趣的圖案，而且她變化的速度非常快，快到讓哈利波特的「光輪兩千」都遜（ㄒㄩㄣˋ）色了。

「光輪兩千」在哈利波特的故事中，被認為是最好的飛天掃帚之一，也是哈利波特擁有的第一支飛天掃帚。本文將雲朵的變換速度與「光輪兩千」作對照，是一種新鮮的嘗試，創造了新的成語和典故。

文章能夠用保養皮膚的概念，形容雲的善良，十分生動，只有幾個小地方，還可以更深入。例如，第二段只說到雲兒的個性「非常善良」，她喜歡幫助水神、土地公公和人們，但是雲兒是一個小魔女，一定也有調皮的一面，所以我們還可以想像夜晚的雲，遮住皎（ㄐㄧㄠˇ）潔的月亮，就像媽媽或姐姐的面膜遮住臉，讓我們看不到。

最後一段，說到雲兒的眼淚變成雨滴，我們可以用「霹靂啪啦的雨滴」，來表示她哭得很傷心，「霹靂啪啦」是狀聲詞，有製造聲音的效果，讓文章更生動。

為了製造文章的趣味，第三段形容兔子的部分，可以改成「蹦蹦跳跳的兔子，嘴巴還叼著胡蘿蔔」，「蹦蹦跳跳」是加上動作，製造文字的動感，「胡蘿蔔」則更具體，就是一篇成功的作文了。

參考答案

故事屋：

1. 三種。風兒的強風、雨兒的大雨、雪兒的大雪。
2. 天地震動，地面的樹木紛紛倒下、折斷。
   幾滴淚又瞬間變成大雨，狂風加上驟雨，這種景象十分嚇人。
   草木紛紛枯萎，雨水也結成冰，成了一條條的「冰棒」，地瓜硬得像石頭，正在燃燒的爐火也不敵寒氣而熄滅，連聖誕老人都被凍得躲在家裡，不敢出門送禮物給小朋友。

學習單：

法力、乘坐女巫掃把、人類的好朋友、愛動物、外表、善良、會變出各種形狀

第二課

描寫觸感

快樂恐怖箱

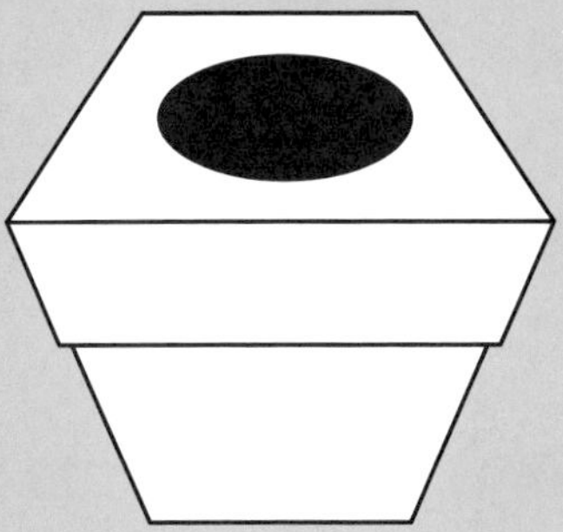

UNIT 2 描寫觸感 快樂恐怖箱

◉故事屋

盲人摸象

很久以前，有個商人名叫阿薩（ㄙㄚˋ）瓦，一早就忙著為大象梳妝打扮，不但象鼻子上掛滿美麗的金屬飾品，背上披著五彩繽紛的毯子，象頭還戴起大花冠。不是大象新娘要出嫁，而是要牽著牠進城作生意。

舍衛城是個美麗的城市，人們過著淳樸平靜的生活。可是今天城的東門口，突然出現一頭插滿鮮花的大象，那是商人阿薩瓦，牽著大象進城來囉！

大象進城，引起城裡一陣騷動，每個人都放下手邊的事，爭先恐後地去看大象：老人拄（ㄓㄨˇ）著柺杖，離開嘮叨的妻子；工人放下了手上的斧頭，停止砍柴；小媳婦在院子裡晒衣服，留下還沒晒好的衣物，就跑出去了；媽媽在廚房切菜切到一半，聽說了，也提著菜刀，跟著小媳婦跑出去；小朋友停止丟石子的遊戲，因為看大象比丟石頭更有趣。

除了這些人，城裡還有一群盲人，也想去看大象的長相，不過他們看不見，只好拜託鄰居牽他們去。

到了城門口，盲人只覺得四周空氣非常悶熱、潮溼，每走一步就會撞到人，他們只好不斷說「對不起」。經過一番疼痛的碰撞，鄰居終於牽著他們擠進最前面。

盲人很高興，他們吸著涼爽的空氣，感覺溫度降了不少，但這有什麼用？「我們又看不見。」其中一個盲人開口了，所有的盲人才發現，他們什麼都看不見。於是他們請求阿薩瓦，允許他們靠近大象，並用手去觸摸牠。

阿薩瓦很大方地答應了，盲人們就用兩隻手，去辨別象的模樣。

第一個摸到象鼻的人說：「大象像什麼？我知道，就像一條蛇。」另一個摸到象耳朵的說：「才不是！大象像個芭蕉扇。」摸到象尾巴的盲人，很愛面子，急忙說：「你們兩個快閉嘴，別丟臉了，大象明明像繩子。」摸到象腿的盲人，搖搖頭，不以為然地說：「你們少胡說！大象就像一根柱子，圓圓、高高的。」最後摸到象肚子的盲人，驕傲地叉腰說：「笨蛋！大象就像一面牆。你們瞎了嗎？」旁邊的人聽見，都笑彎了腰。

小朋友，讀完這個小故事，請問：

1.在這個故事裡，總共出現哪些和觸覺有關的句子？

2.哪個句子使用到譬喻法？

一、前奏：認識觸覺修辭

東摸、西碰

觸覺不像眼睛所看、耳朵所聽、鼻子聞的那麼直接，而味覺雖然麻煩一點，得把食物送到嘴巴裡才能感受，但步驟（ㄗㄡˋ）還算少。觸覺最麻煩，因為你必須親自走過去，摸摸、碰碰物體，才能感受到觸覺。

儘管觸覺很「麻煩」，卻能幫助我們不被欺騙。

假設有天你在麵包店櫥（ㄔㄨˊ）窗，看到一塊顏色鮮豔的水果蛋糕，吵著媽媽要買，可是店員卻笑著對你說：「小朋友，這塊蛋糕是『假的』喔，不信，你可以摸摸看。」你一摸，感覺硬硬的、冷冰冰的，才知道是塊「假的」蛋糕。

小朋友要多用觸覺來認識世界，平常練習用雙手去東摸、西碰身旁的物品，你可以用力或輕輕地觸碰它們，讓手掌心的每一吋肌膚，都能夠充分感覺。你也可以脫下鞋子，打赤腳走在沙灘上，感受沙子包著腳掌那種癢癢的感覺。

你是不是很少用心去感受觸覺？如果是，就來玩玩下面的練習吧！

請你脫掉鞋子，然後照著題目的指示進行，並把感覺記錄下來：

1.左腳站立，縮起右腳，跳三下。
我的腳掌感覺到：

。

2.兩隻手伸出來，手掌貼著牆壁。
我的手心感覺到：

。

3.拿一本書，把臉的一邊貼在書頁上。
我的臉頰感覺到：

。

4.親吻自己的書桌桌面三秒鐘。
我的嘴唇感覺到：

。

5.拿一支自動鉛筆，刺一下自己的手背。
我的手背感覺到：

。

產生觸覺有很多方式，請把正確的動詞填進去：

咬	捏	擠	拍	摸

1.我＿＿＿＿＿著小胖的臉頰，覺得鬆鬆軟軟的。

2.妹妹＿＿＿＿＿著貓咪的毛，覺得毛茸茸的。

3.弟弟＿＿＿＿＿著皮球，覺得很有彈性。

4.小嬰兒＿＿＿＿＿著玩具，覺得硬硬的。

5.姐姐＿＿＿＿＿著臉上的青春痘，覺得痛死了！

皮膚的觸覺

要感受觸覺唯一的祕訣，就來自我們的皮膚。皮膚能感覺到外在環境的刺激，把觸碰到的壓力、溫度、質感、軟硬、形狀等，變成一個個「感覺訊息」，如痛、麻、癢、酸、軟、硬、尖、圓、冷、熱等，傳遞到大腦，這就是觸覺。

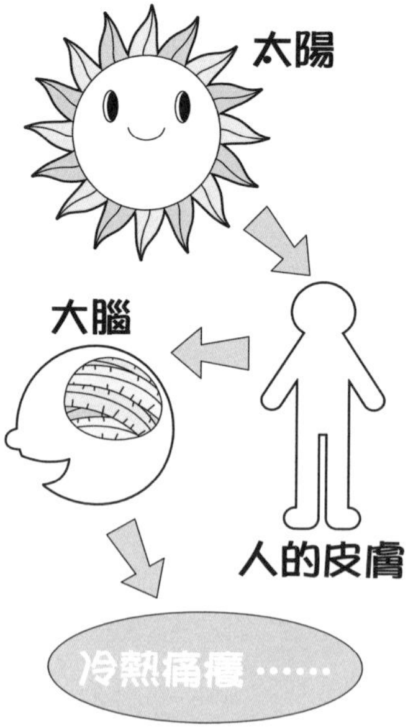

一個觸覺很遲鈍的人，在生活上可能常會遇到危險，卻沒有預防的能力。例如他碰到熱水卻不知道燙，被球打到了也不知道閃躲，腳

踩到尖刺不會立刻跳開，這都可能使他受傷。由此可知，觸覺是多麼地重要！

在寫作中，常會用到觸覺描寫，《哈利波特》的作者J.K.羅琳，就是個懂得使用觸覺修辭的人，還記得故事裡面「隱形斗篷（ㄆㄥˊ）」嗎？書裡說，哈利波特摸著那件隱形斗篷，感覺像是「用流水織成的布料」，就把隱形斗篷光滑、柔軟、冰冷的觸感，描寫得十分生動。

如果你是J.K.羅琳，你會怎麼寫？

這裡有幾件哈利波特用的魔法物品，請你寫出它們的形狀和觸感：

例

哈利波特推著「巫師棋」，感覺到：圓柱體、硬硬的、重重的。

1.哈利波特握著「光輪2000」飛天掃帚，感覺到：

____。

2.哈利波特碰到「魔術帽」，感覺到：

____。

3.哈利波特沾到「奇幻藥水」，感覺到：

____。

4.哈利波特抓起一把「呼嚕粉」，感覺到：

____。

5.哈利波特摸著「意若思鏡」的鏡面，感覺到：

____。

心情的觸覺

觸覺也會影響人的心理，例如被親愛的媽媽抱著，你心裡便會覺得「溫暖」。

如果看到臭著臉不說話的人，就會覺得他很「冷」漠；看到沒試過的東西，你會覺得心「癢癢」的，很渴望試試看；面對討厭的人，你會恨得牙「癢癢」；遇到令你失望的事情，會感到心灰意「冷」，心情失望。

假如上學忘記帶課本，你會急得有如「熱」鍋上的螞蟻，心情非常焦急，像在熱鍋上四處亂跑的螞蟻一樣；當你玩得很快樂，就說玩得非常「痛」快，心情舒暢；如果不幸被老師叫到辦公室訓話，明知會被罵，但也只好「硬」著頭皮去了。

觸覺會影響心情，當你感覺溫暖或清涼，會覺得舒服，心情很好；但當你感覺痛或癢，就會覺得不舒服、很煩。

仔細觀察自己面對不同觸感，會產生怎樣的心情，而寫作時，也可以把心裡的感覺，用觸覺修辭描寫出來，文章會更生動喔！

心裡的感覺也能用觸覺來形容，請把正確答案填進去：

像被電到了	一片冰涼	打一個寒顫	心痛	起雞皮疙瘩

1.要和好朋友分開了，我會＿＿＿＿＿＿＿＿＿＿＿＿＿＿＿＿。

2.看到噁心的東西，會＿＿＿＿＿＿＿＿＿＿＿＿＿＿＿＿＿＿。

3.聽到不好的消息，心中感到＿＿＿＿＿＿＿＿＿＿＿＿＿＿＿。

4.看到鬼片，我會＿＿＿＿＿＿＿＿＿＿＿＿＿＿＿＿＿＿＿＿。

5.看到偶像周杰倫或蔡依林，我感覺＿＿＿＿＿＿＿＿＿＿＿＿。

常用語和觸覺

許多生活常用的口頭禪或習慣用語，也包含冷、熱、痛、癢等觸覺修辭喔！

例如，我們常聽說某人的脾氣很「硬」、個性「柔軟」，或是說別人很「熱」情、個性「冷」靜等。

有時會聽到電視的體育主播說：「洋基隊的球員XXX，原本不被看好，竟然意外爆出『冷』門，為洋基隊贏得冠軍！」或是你很「熱心」的、「一頭熱」的想做什麼，卻被同學「潑冷水」，只好算了。

你貼了痠（ㄙㄨㄢ）痛藥膠布，想要撕下來，如果慢慢撕的話，不是要痛好一陣子嗎？不如一次用力地撕，「長痛不如短痛」；有些人的脾氣是「吃軟不吃硬」，他可以接受別人溫和的勸告，但討厭被人強迫；有的人很固執，天生就是「硬」脾氣，也很「嘴硬」，不肯認輸或認錯；有的人是「耳根子軟」，沒有主見，容易聽信他人的話。

只要注意聽身邊的人說的話，就會發現，觸覺修辭真是無所不在啊！

請選出正確的觸覺常用語，填入下面的題目中：

冒冷汗	熱門	刺耳	冰雪聰明	軟腳蝦

1.他說的那句話十分＿＿＿＿＿＿，讓我很不舒服。

2.不要再當＿＿＿＿＿＿，要勇敢地面對困難。

3.放學時，我差點被車子撞，嚇得我＿＿＿＿＿＿。

4.阿美從小就＿＿＿＿＿＿，每年都得到資優生獎狀。

5.最近最＿＿＿＿＿＿的遊戲，就是玩「Wii」。

詩中的觸覺

當你能把觸覺修辭運用在寫作，你也能把描寫觸覺運用在詩歌裡面，寫出充滿感覺的「觸覺詩」。

童詩如蓉子的〈風的長裙子〉說：「西北風的裙子又冷又重；那寬寬的裙腳上面，還留著風媽媽替風姑娘縫裙子時忘記取下來的針，觸著裙邊時，刺得人好痛好痛！」指西北風寒冷刺骨，吹到人身上，就像針扎（ㄓㄚ）一樣，好痛！

林美娥的〈蘋果〉，寫小朋友生病的感覺：「頭一陣陣的痛，全身熱燙燙的；模模糊糊地看見，爸爸拿著又紅又大的蘋果。」想一下，你生病的時候，是不是也有同樣的感受？

我們在寫詩或作文時，常常要將自己接觸到的感覺，真實地描述出來，現在，就利用下面的學習單，來認識幾個常見的觸覺修辭吧！

學習單(一)

連連看：認識觸覺修辭

小朋友，描寫觸覺在寫作中是很重要的喔！你認識多少個描寫觸覺的詞語呢？現在，請你看看下面的題目，把正確的答案連起來吧！

1. 這條圍巾戴起來讓人感覺______，真難受。	黏黏的
2. 我躺在______草地上，很快就睡著了。	涼涼的
3. 冬天的早晨，我只想躲在______被窩裡，不想下床。	熱呼呼的
4. 妹妹很喜歡這隻______小豬娃娃，每天都帶著它。	癢癢的
5. 春天的風並不冷，只是______。	暖烘烘的
6. ______石頭上面有漂亮的花紋，真讓人捨不得丟掉它。	又溼又滑
7. 喝下______湯，寒冷立刻不見了。	柔軟的
8. 這條小金魚，摸起來______，怎麼抓都抓不住。	毛茸茸的
9. 上完體育課流過汗以後，全身______，很不舒服。	堅硬的

二、主曲：觸覺實驗

鉛筆盒當恐怖箱

「恐怖箱」這個道具，是在箱子裡放幾樣令人害怕的東西，讓玩遊戲的人驚聲尖叫，目的是為了達到娛樂效果。

當你一個人在家時，也可以自己玩玩恐怖箱，「鉛筆盒」就是很方便的道具。現在，把鉛筆盒打開，然後把眼睛閉起來，手伸進去，拿起第一件物品，摸摸看這是什麼東西？再張開眼睛看。

最後，請你把這些感覺記錄下來吧！

實驗開始

例 摸第一件物品，開始！
我的感覺：一端是細細長長的圓柱體，另一端是扁扁的長方體，應該是塑膠做的。
原來是：立可白。

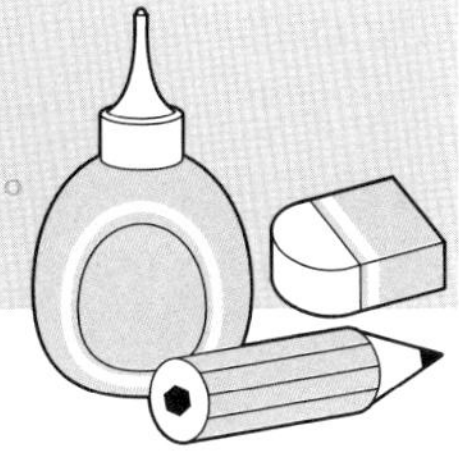

摸第一件物品，開始！
我的感覺：

。

原來是：　　　　。

摸第二件物品，開始！
我的感覺：

。

原來是：　　　　。

摸第三件物品，開始！
我的感覺：

。

原來是：　　　　。

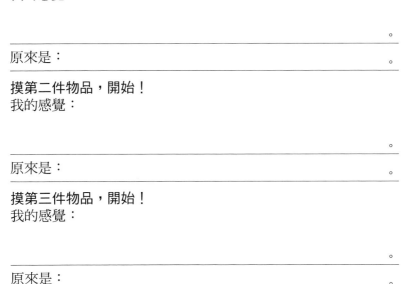

和爸媽玩恐怖箱

「好奇」國小的「叮噹」小朋友，和他的爸爸、媽媽一起玩恐怖箱，一邊玩一邊把感受的觸感，記錄在學習單(二)裡面。

請你看著課文，觀察叮噹是怎麼玩的，叮噹摸過物品以後，他的感覺是怎樣呢？對這些物品，你還有其他的形容嗎？

遊戲開始

媽媽：現在，要開始摸第一樣東西囉！你摸完以後，回到座位上，把摸到的感覺寫在學習單(二)裡面。好，開始！

叮噹摸完第一件物品。

媽媽：你感覺到什麼呢？

叮噹：我摸到的東西粗粗的，很硬，像拳頭一樣大，上面好像有一些洞。

爸爸：會覺得冷或熱嗎？

叮噹：摸起來冰冰涼涼的耶！

媽媽：把你的感覺和猜到的答案，寫在學習單(二)吧！

爸爸：答案是「石頭」，猜對了嗎？

我還有其他的形容：

爸爸：接下來要摸第二件物品了。好，開始！

叮噹摸完第二件物品。

爸爸：這次你摸到什麼呢？

叮噹：刺刺的，像毛一樣，覺得是一根一根的，很硬，但是很有彈性，下面還有一塊很硬的板子！

媽媽：寫下自己的感覺吧！

爸爸：答案是「刷子」。猜對了沒呀？

我還有其他的形容：

媽媽：我們再來摸第三樣東西。好，開始！

叮噹摸完第三件物品。

媽媽：這次摸到什麼呢？

叮噹：摸起來毛茸茸的、圓圓的。

爸爸：好棒喔！你用了一個觸覺修辭。

叮噹：這個東西前面有尖尖的一大塊，後面的比較細，好像有手耶！

媽媽：趕快記錄下來喔！

爸爸：公布答案，是「烏龜玩偶」！它的形狀比較不規則，所以比較難猜。

我還有其他的形容：

學習單(二)

「快樂恐怖箱」實況紀錄

小朋友，當你摸完恐怖箱內的東西，要把感覺寫在下面的空格喔！等老師公布答案後，請你把物品的樣子畫出來。

第一件物品　　畫圖

答案揭曉：

第二件物品　　畫圖

答案揭曉：

第三件物品　　畫圖

答案揭曉：

三、尾聲：作文

題目：

快樂恐怖箱

說明：

「恐怖箱」到底有多恐怖？這個遊戲就是讓你的眼睛看不見，只能藉著手的皮膚，去感覺、想像箱子中的物品，這就是「恐怖箱」讓人感到恐怖的原因。

可是玩這個遊戲時，一方面又是很快樂、很刺激的，因為不知道箱子裡放了什麼，這會引起你的好奇心，想一探究竟。

老師或爸爸媽媽帶你玩過這個遊戲後，請你把所摸到物品的觸感，用適當的文字作記錄，你可以用記敘文的方式，按照時間順序，把玩樂的過程呈現出來。

第一段，可以寫老師或爸媽拿出恐怖箱說明遊戲規則，以及你或同學的心情，當你聽說要玩「恐怖箱」時，是很高興？還是緊張害怕？

第二段到第四段，可以分別寫下摸物品時的感覺，並猜測箱子裡的物品是什麼？最後再把答案揭曉出來。讀者在閱讀的過程中，也會跟著你的觸覺描寫，猜一猜正確答案喔！

最後一段，你可以寫下參與遊戲後的感想，你學到了什麼？能不能夠運用在寫作上呢？你覺得恐怖箱是不是真的「很恐怖」呢？

範文示例：

快樂恐怖箱

今天，作文老師很神祕地拿了一個箱子進來，上面蓋了一塊黑布，說這是「恐怖箱」，要我們摸摸裡面的東西。大家聽到恐怖箱的名字雖然有點害怕，但又高興得不得了，迫不及待要趕快開始。

第一件物品摸起來冰冰涼涼的，非常地硬，它的表面非常粗糙（ㄘㄠ），似乎布滿了大大小小的洞，讓我感覺有點噁心。它的形狀和我的拳頭差不多大，我心裡猜想一定是塊石頭，後來答案果然是「石頭」！

第二件物品摸起來刺刺的，害我差點就叫出來了。它像毛一樣一根一根的，很硬，卻很有彈性，最下面還有一塊堅硬的板子，我猜那一定是媽媽刷地板用的刷子。答案揭曉了，真的是「刷子」！我實在太厲害了！

最後一件物品摸起來毛茸茸（ㄖㄨㄥˊ）的，我覺得應該是個玩偶，但不知道是什麼玩偶。它的身體圓圓的，但前面有橢（ㄊㄨㄛˇ）圓形的一塊，後面則是一條尖尖的東西，好像還有手呢！這真的太難猜了。最後老師公布答案，原來是一隻好可愛的「烏龜玩偶」！

今天的作文課，我學會了觸覺修辭，也知道該怎麼使用它們了，真希望以後還有機會，來摸摸一點都不恐怖的「恐怖箱」！

詩佳老師說作文

這篇文章把上課的過程，按照時間順序寫出來，段落安排有層次、有條理，也使用學到的觸覺修辭，十分生動。

文中寫到第一件物品的觸感「讓我感覺有點噁心」，因為它的表面「粗糙」，又「布滿大大小小的洞」，而「它的形狀和我的拳頭差不多大」，然後猜想答案是「石頭」，是經過想像與推理，在文章中製造出懸疑的效果。

因為是摸看不見的東西，所以我們還可以想像生活中，是否還有其他東西也具備這種觸感？像是「蜂巢」或「蜂窩」，似乎也符合「粗糙」又「布滿大大小小的洞」。

用「摸起來刺刺的」、「像毛一樣一根一根的」、「很硬」、「很有彈性」等，形容第二件物品，好像不夠生動，在這裡你可以說「它一根一根的，很硬，卻很有彈性……」。

你可以去掉「像毛一樣」的形容，改成像「刺蝟」、「豪豬」等身上有尖刺的動物來形容，會更貼切。雖然我們不一定親自接觸過這兩種動物，可是在書本和電視上，多少都看過牠們的樣子，知道牠們的特色是身上有一根一根的尖刺。這種形容，無形中更強調了「恐怖箱」真的很恐怖，等結果揭曉，卻是一件常見的家庭用品，兩種心情的落差，更豐富了文章的趣味性。

最後，用「害我差點就叫出來了」的反應，形容被刺到的即時感受，有聲音的動感和驚慌的表情，彷彿看到畫面一般真實，增加了熱鬧與趣味性，讓我們知道關於「觸覺」的修辭，絕不只限制在「觸覺」，運用其他感官感受如聽覺等，也可以得到很好的觸覺描寫喔！

參考答案

故事屋：

1. 只覺得四周的空氣非常悶熱、潮溼，每走一步，就會撞到人。
2. 他們吸著涼爽的空氣，感覺溫度降了不少。
   大象像什麼？我知道，就像一條蛇。
   大象像個芭蕉扇。
   大象明明像繩子。
   大象就像一根柱子，圓圓、高高的。
   大象就像一面牆。

小小練習2：

1.捏　2.摸　3.拍　4.咬　5.擠

小小練習4：

1.心痛　2.起雞皮疙瘩　3.一片冰涼　4.打一個寒顫　5.像被電到了

小小練習5：

1.刺耳　2.軟腳蝦　3.冒冷汗　4.冰雪聰明　5.熱門

學習單（一）：

1.癢癢的　2.柔軟的　3.暖烘烘的　4.毛茸茸的　5.涼涼的　6.堅硬的　7.熱呼呼的　8.又溼又滑　9.黏黏的

學習單（二）：

1. 摸起來粗粗的，很硬，冰冰涼涼的，像拳頭一樣大，有一些大大小小的洞。答案是「石頭」。
2. 摸起來刺刺的，像毛一樣，硬，但是有彈性，下面硬硬的像板子。答案是「刷子」。
3. 摸起來毛茸茸的，圓圓的，但是前面有尖尖的一塊，後面的比較粗，好像有手。答案是「烏龜玩偶」。

第三課

描寫聲音

汪喵哞咩大合唱

UNIT 3 描寫聲音 汪喵哞咩大合唱

●故事屋

生命的回音

有一個流傳很久的老故事，是這樣說的：

從前，有個小男孩，和爸爸一起參加登山旅行。走著、走著，突然「噗」地一聲，男孩不小心跌倒在地上，雙手沾滿了泥巴，小褲褲都溼透了。小男孩又痛又氣，忍不住大吼一聲：「哇！」這時，忽然在山谷的遠方，傳來一陣「哇！哇！哇！哇！哇！」的聲音。

小男孩非常驚訝，以為有人惡作劇，就大聲地朝著聲音的方向問：「你是誰呀？」山谷中的聲音回答：「你是誰呀？你是誰呀？你是誰呀？你是誰呀？你是誰呀？」

山谷那不友善的回應，讓小男孩更加生氣了，於是，他大聲地回罵：「膽小鬼！」沒想到，對方根本不怕，也不甘示弱地回罵：「膽小鬼！膽小鬼！膽小鬼！膽小鬼！膽小鬼！」還連續罵了好幾次呢！

小男孩覺得自己受到屈辱，就問爸爸說：「爸，這到底是怎麼回事呢？是誰在跟我惡作劇啊？」爸爸一邊拍拍兒子身上的泥，一邊笑著跟男孩說：「這是山谷裡的聲音，叫作『回音』。你知道嗎？這些聲音，其實就代表著『生命』喔！」

男孩覺得爸爸的話好奇怪：「『生命』是什麼？難道『生命』就可以亂罵人嗎？」

爸爸笑著說：「生命就是：你說的和做的每一件事情，都會回應到你身上。如果你要使這個世界充滿愛，就要時常對著生命說『我愛你』；如果你要世界充滿仇恨，就對生命說『膽小鬼』。不管怎樣，生命一定會回應你的，就看你怎麼選擇囉！」

小男孩聽了爸爸的話，低著頭想了想，就挺起小小的胸膛（ㄊㄤˊ），大聲地對著山谷喊著：「我愛你！」

果然，山谷遠處立刻傳來：「我愛你！我愛你！我愛你！我愛你！我愛你！」

小男孩閉上眼睛，感受這一聲聲的「我愛你」。聽！那是多麼美妙的聲音，那是小男孩對世界的愛，也是生命的回音。

小朋友，讀完這個小故事，請問：

1. 在這個故事裡，總共出現哪些狀聲詞呢？

2. 在故事裡，又出現了哪些疊字？

一、前奏：認識聽覺修辭

小朋友，你知道嗎？當你在媽媽肚子裡四個月大的時候，就能聽見媽媽的心跳聲、血液流動聲、消化的聲音，直到七個月，才會對光線有反應，所以，聽覺是你最早認識外界的管道喔！

在寫作前，要先培養感官的敏銳度，如果感官的敏銳度不高，就沒辦法把對外界的認識寫進文章裡，所以寫作前，一定要先磨利你的感官。

文字可以充滿各種聲音，當你寫作時，不只要會寫人物的對話，表現人物的語氣，只要和聲音有關的，都要用聽覺描寫，才能寫出真實感。為了讓寫作成功，我們更要去聽，並且聽得仔細、聽得真切。

生活中的聲音

我們每天生活在各種聲音裡，一大早，你就被鬧鐘的鈴聲吵醒，爸爸「叩叩（ㄎㄡˋ）」敲著你的房門，大聲地叫著：「起床啦！快遲到啦！」你伸著懶腰，「啊」地打了個大呵欠，心不甘、情不願地走向浴室。浴室裡，刷刷聲此起彼落，你的、妹妹的、哥哥的，三人的刷牙聲，交織成和諧的早安曲。不遠的廚房，忽然響起一聲「叮」，「土司烤好了，快來吃吧！」媽媽高聲說。那是幸福的聲音。

生活中有了聲音，我們才不會寂寞。下雨時，你聽見雨嘩嘩（ㄏㄨㄚ）地越下越大，叮叮咚咚敲打在屋簷上。當你清晨醒來，聽到窗外一片鳥鳴，吱吱喳喳（ㄓㄚ）的麻雀，互相道著「早安」。如果你能靜下心來傾聽，就會發現，世界比你想像的更美。

1.你覺得生活中什麼聲音最大？什麼聲音最小？

。

2.你最喜歡的聲音是什麼？最討厭的是什麼？

。

3.你認為哪個場所最吵鬧？請列出三個。

。

身體的聲音

我們的身體裡面也會製造出各種聲音，如果你拿棉花塞住耳朵，靜下心來，就能聽見體內的聲音。

聽！你的心臟跳動的聲音，如拉扯風箱，呼哧呼哧（ㄔ），又像打著小鼓，撲通撲通；你的呼吸聲如出航的人扯起風帆，咻咻（ㄒㄧㄡ）作響。有時候我們蹲下後突然站起，就會像老人家的骨頭發出「啪（ㄆㄚ）」的聲音，而肚子餓和腸胃消化時，則會發出一陣陣的咕嚕聲。

拍手的啪啪聲、用鼻子噴氣出來的吃吃聲、牙齒顫(ㄓㄢˋ)抖的喀喀(ㄎㄚ)聲，及睡不飽時嗡嗡(ㄨㄥ)的耳鳴聲，都是體內的聲音，我們的身體就像一個大工廠，每天努力地工作著，給我們健康的生活。小朋友，聽聽身體的聲音，才能更了解自己喔！

利用自己的身體，玩出各種聲音，並作出適當的比喻：

例 彈手指的時候，會聽見像開易開罐的聲音。

1.咳嗽一下，會聽見像________的聲音。

2.嘴巴閉緊，像青蛙一樣鼓動兩頰，會聽見像________的聲音。

3.用手指彈耳垂，會聽見像________的聲音。

4.吞一口口水，會聽見像________的聲音。

5.深呼吸一下，會聽見像________的聲音。

聲音的聯想

當聲音和某樣東西聯想一起，就會產生奇妙的組合。很多事物發出的聲音，並不包含任何意義，但是經過你的聯想，可以給予它新的感受，比如雨聲加水晶：「如水晶般的雨滴，滴滴答答流洩而下，敲出悅耳的聲音。」又如笑聲加銀鈴：「最愛聽她銀鈴般的笑聲，清脆悅耳。」

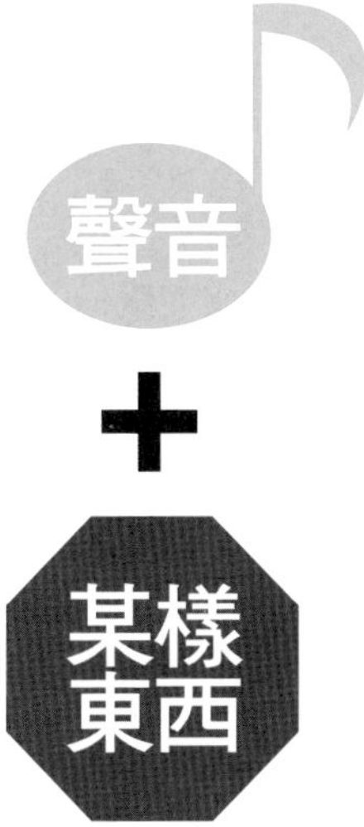

你也可以將兩種聲音聯想在一起，如叫聲加煞車聲：「一聲尖叫，猶如尖銳刺耳的煞車聲，劃破寂靜的夜晚。」又如說話聲加鳥叫聲：「今天老師一進教室，就聽到同學吱吱喳喳的談話聲。」或是雷聲加引擎（ㄑㄧㄥˊ）聲：「隆隆的雷聲，有如飛機的噴射引擎大震於天上。」

試試看，把聲音和某樣東西或另一種聲音，聯想在一起，利用譬喻法的「像、就像、如、有如、似、好比、如同、彷彿」等詞語，寫出和聲音有關的句子，使文章充滿奇妙的聲音！

請替聲音找出搭配的事物，並用譬喻法造出句子：

例 哭聲＋牛叫，造句：小寶寶的哭聲像牛叫一樣宏亮，好恐怖喔！

1.叫聲＋粉筆，造句：

______________________________。

2.雨聲＋__________，造句：

______________________________。

3.笑聲＋__________，造句：

______________________________。

4.雷聲＋吼叫聲，造句：

______________________________。

5.說話聲＋__________聲，造句：

______________________________。

有趣的狀聲詞

如果小朋友要把聲音化為文字，就需靠平日對聲音的觀察，並認識各種狀聲詞及擬聲字，熟悉地使用它們。如果文章能適當的表現聲音，就會給人真實的感覺，讓我們來認識一下「狀聲詞」。

狀聲詞是模仿自然聲音的詞語，它的產生有兩種方法，一種是根據這個東西發出來的聲音，原封不動地記錄下來，這就是擬聲字，例如小狗的叫聲是「汪汪」，貓咪的叫聲是「喵喵」，小羊的聲音是「咩咩」。這種狀聲詞沒有其他的意義，只是模仿聲音。

第二種狀聲詞，除了記錄這個東西發出的聲音，還進一步幫聲音加上情感和動作，例如「時鐘滴答滴答努力地走」、「颱風咻咻地嘶吼著」、「小溪潺潺（ㄔㄢˊ）唱著歌兒」，這些聲音加上人類的情感及動作，是不是生動很多呢？

請幫下面的句子，填入適當的狀聲詞：

例 樹上的烏鴉嘎嘎（ㄍㄚ）地叫了一夜，讓人無法入睡。

潑剌（ㄌㄚ）	咯咯（ㄍㄜ）	碰碰	沙沙

1.妹妹每次被搔（ㄙㄠ）癢，就會＿＿＿＿＿地笑。

2.颱風過境，樹葉被刮得＿＿＿＿＿作響。

3.魚兒在水裡游，看見我的倒影，就＿＿＿＿＿一聲，逃走了。

4.＿＿＿＿＿，鞭炮聲不絕於耳，又是新的一年！

詩裡的聲音

詩是心靈的聲音，詩人為了要讓詩歌讀起來好聽，朗誦起來響亮，就會在詩中使用代表聲音的文字，就是前面提到的「擬聲字」。

楊傑美的〈布穀鳥的叫聲〉：「咕咕咕／咕咕咕／很好聽的／布穀鳥的叫聲。」

楊喚〈小蟋蟀〉：「克利利！克利利！媽媽的故事真好聽。」

夏婉雲的〈巢〉：「啾啾啾（ㄐㄧㄡ）！我們張嘴等媽媽／啾啾啾！」

曾妙容〈老祖母的牙齒〉：「風兒更頑皮，在那山洞裡鑽來鑽去。噓！噓！噓！」

林武憲〈井裡的小青蛙〉：「一口古井裡，住著一隻小青蛙，除了睡覺吃東西，只會呱呱呱。」

把這些詩句大聲地讀出來吧！聽聽看這些擬聲字，是不是和它原來的事物很相似？

以下的擬聲字，是模仿哪些事物的聲音呢？

例 啾啾：小鳥的聲音

1.哎喲：＿＿＿＿＿＿。　2.碰：＿＿＿＿＿＿。

3.叮咚：＿＿＿＿＿＿。　4.咻咻（ㄒㄧㄡ）：＿＿＿＿＿＿。

5.哞（ㄇㄡˊ）：＿＿＿＿＿＿。　6.咩（ㄇㄧㄝ）：＿＿＿＿＿＿。

7.嘰嘰（ㄐㄧ）咕咕：＿＿＿＿＿＿。　8.嘓嘓（ㄍㄨㄛ）：＿＿＿＿＿＿。

9.叭（ㄅㄚ）：＿＿＿＿＿＿。　10.叩叩：＿＿＿＿＿＿。

聲音與擬人

不論是活著的人與動物，或無生命的物體，都能夠發出各種不同的聲音，誰說聲音沒有生命呢？聲音的本身雖然沒有生命，但是，如果能為它加上擬人法和動作，就會立刻像變魔術一樣，活起來了！

下面有幾個小練習，請你利用題目上的詞語，使用擬人法造句，讓聲音也擁有活潑的生命力吧！

如果狀聲詞只是記錄聲音而已，實在有些單調，你可以為這些狀聲詞，加上人的情感，讓文章變得更有聲有色，現在就來完成學習單（一）。

人/物 ＋ 動作 ＋ 狀聲詞

請你用擬人法的魔術棒，讓下面的聲音活起來：

例 車子、叫、叭叭：門口傳來「叭叭」聲，爸爸的車子叫著：「我回來啦！」

1.風、搔癢、嘻嘻
造句：＿＿＿＿＿＿＿＿＿＿＿＿＿＿＿＿。

2.外婆、磨刀、霍霍（ㄏㄨㄛˋ）
造句：＿＿＿＿＿＿＿＿＿＿＿＿＿＿＿＿。

3.爸爸、機車、轟轟
造句：＿＿＿＿＿＿＿＿＿＿＿＿＿＿＿＿。

4.課本、掉落、碰
造句：＿＿＿＿＿＿＿＿＿＿＿＿＿＿＿＿。

5.蜜蜂、採蜜、嗡嗡
造句：＿＿＿＿＿＿＿＿＿＿＿＿＿＿＿＿。

學習單(一)

讓狀聲詞活起來！

小朋友，下面列出幾個狀聲詞，請你把下面的事物和它的聲音連起來，並用擬人法為它們加上人的感情，造出適當的句子，讓狀聲詞活起來吧！

連連看

羊	狗	笑	雨	雷	鳥	鬧鐘
轟轟	哈哈	咩咩	啾啾	汪汪	鈴鈴	淅瀝

擬人法造句

二、主曲：發生了什麼事？

假裝你是名偵探柯南，看看題目裡的狀聲詞，推測這些聲音，到底代表發生了什麼事？請你猜出兩個可能的答案，然後用狀聲詞和這些答案，編個簡單的故事，寫成一段文字。

例「碰」一聲，可能發生了什麼事？
1.像有東西掉到地上。 2.像有人在外面拍門。
故事：我聽見外面有人拍門，就想趕快跑去開門，結果「碰」的一聲，不小心把椅子踢倒，人也被絆倒在地上，好痛！

(一)「沙沙」聲，可能發生了什麼事？

1.像油從鍋子裡噴出來。 2.________________。
故事：

____。

(二)「哇哇」聲，可能發生了什麼事？

1.像小嬰兒哭的聲音。 2.________________。
故事：

____。

(三)「轟轟」聲，可能發生了什麼事？

1.________________。 2.________________。
故事：

____。

(四)「淅(ㄒㄧ)瀝(ㄌㄧˋ)淅瀝」聲，可能發生了什麼事？

1.________________。 2.________________。
故事：

____。

（五）「鈴鈴」聲，可能發生了什麼事？

1.________________。 2.________________。

故事：

________________________________。

三、尾聲：作文

題目： 晚餐時刻

說明：

今天的作文題目是「晚餐時刻」，要寫出晚餐時，全家人所發生的事。小朋友可以利用在本課學到的聲音描寫、狀聲詞和擬聲字，讓作文充滿熱鬧的音效。

先回想一下，你和家人是怎麼度過晚餐時間呢？媽媽、爸爸、你，或兄弟姐妹，都在做些什麼事？製造了什麼聲音出來？

你可以從晚餐前的那一小段時間開始寫，那時媽媽可能在廚房作菜，全家人各自忙自己的事，想想家人都在做些什麼？

接著，你就可以寫到正式吃飯，這一段是作文最重要的部分。全家人圍繞著餐桌吃晚飯，是很安靜地吃呢？還是會聊聊當天發生的事？會不會說些笑話？你可以在這裡寫一兩句對話，呈現當時的氣氛。

最後，要寫出晚餐後的心情和感想。你覺得和家人共進晚餐，是一件怎麼樣的事？和家人吃飯讓你覺得很幸福，還是很煩惱？可以作出總結，提出你的心得和感想。

請利用學習單（二），按照人、事、時、地、物等五個方向，開始蒐集寫作材料吧！

學習單(二)

聽聲音，編故事

小朋友，聽完了聲音以後，現在請按照人、事、時、地、物等五個方向，開始來編寫故事素材，並利用這些材料寫成作文。請你把討論好的結果填寫在下面的表格裡。

人物	
事件	
時間	
地點	
物品	

範文示例：

晚餐時刻

晚餐時刻，是一天當中最讓我期待的，因為全家人可以在這時候，圍著餐桌談天說地，吃著色、香、味俱全的美食，令人感到無比地幸福。

晚餐前，家裡總是熱鬧滾滾。廚房傳來媽媽炒菜、切菜的聲音；小弟弟在房間「哇哇」地哭著，害我得拿奶瓶餵他喝奶；爸爸坐在沙發上看電視，不小心睡著了，「呼嚕」的鼾（ㄏㄢ）聲像打雷一樣。「鈴鈴……」，電話聲突然響起，我只好丟下弟弟和奶瓶，衝到客廳接電話。「咕嚕咕嚕……」這是什麼聲音呢？原來是我的肚子餓得在抗議啦！

終於可以吃晚餐囉！一看到餐桌上的番茄（ㄑㄧㄝˊ）炒蛋，我和爸爸就不約而同搶起湯匙（ㄔˊ）來了，還有香噴噴的炒蝦，真是人間最美味的食物！最棒的是翠綠色的菠菜，媽媽笑著說：「吃了以後，會像大力水手一樣喔！」我趕緊夾了一口下肚。

「嗝（ㄍㄜˊ）！」這是青蛙叫的聲音嗎？不是，這是我吃飽以後打嗝的聲音。能夠天天吃到這樣的美味，我真是全世界最幸福的小孩了！

詩佳老師說作文

「晚餐時刻」總是全家在忙碌以後，最熱鬧開心的時刻。

這篇文章一開始，用「晚餐時刻」前的準備工作來描述聲音，從切菜聲、弟弟哇哇的哭聲、爸爸睡覺呼嚕呼嚕的鼾聲、鈴鈴的電話響聲，和自己肚子咕嚕咕嚕的抗議聲，洋溢著躁（ㄗㄠˋ）動、歡樂的氣氛，流露出現代家庭的一景。

只是除了這些聲音以外，「晚餐時刻」還可以更有特色，再描寫一些更細微的聲音，例如，「切菜聲」是不是可以再寫成「剁（ㄉㄨㄛˋ）雞肉」的「洞、洞聲」、煎魚的「霹（ㄆㄧ）啪聲」、抽油煙機的「轟轟聲」呢？

文章最後用「嗝！」的青蛙叫聲，幽自己一默，說明了吃得很飽，和食物的美味，營造出幸福家庭的景象。

在本文中所聽到的，都是具體的聲音，但是生活中還有許多聽不見的聲音，或是難以形容的聲音，例如花開的聲音、海浪的聲音、太陽起床的聲音、長牙齒的聲音、父母愛我們的聲音等等，都需要我們用更細緻的心靈傾聽，運用想像力觀察體會周遭的事物，如此一來將會發現，世界到處都充滿令人驚喜的聲音，豐富我們的生活和寫作。

參考答案

故事屋：

1.噗、哇
2.小褲褲、拍拍、小小的、一聲聲

小小練習4：

1.咯咯　2.沙沙　3.潑剌　4.碰碰

小小練習5：

1.人的叫聲　2.槍聲或鞭炮聲　3.門鈴聲　4.風聲　5.牛叫聲
6.羊叫聲　7.說話聲　8.青蛙鳴　9.車子喇叭聲　10.敲門聲

學習單(一)：

1.羊，咩咩：小羊「咩咩」地叫，說：「我不要被剃毛！」
2.狗，汪汪：我家的狗一見到陌生人，就生氣地汪汪大叫起來。
3.笑，哈哈：這次考試得了第一名，我忍不住哈哈大笑起來。
4.雨，淅瀝：雨淅瀝淅瀝下個不停，告訴我她有多傷心。
5.雷，轟轟：天空飄著細雨，忽然轟轟的雷聲響起，真是嚇人！
6.鳥，啾啾：小鳥啾啾叫著，迎接媽媽的歸來。
7.鬧鐘，鈴鈴：「鈴鈴」，討厭的鬧鐘又叫了，我只好勉強起床準備上學。

第四課

描寫動作

默劇的演出

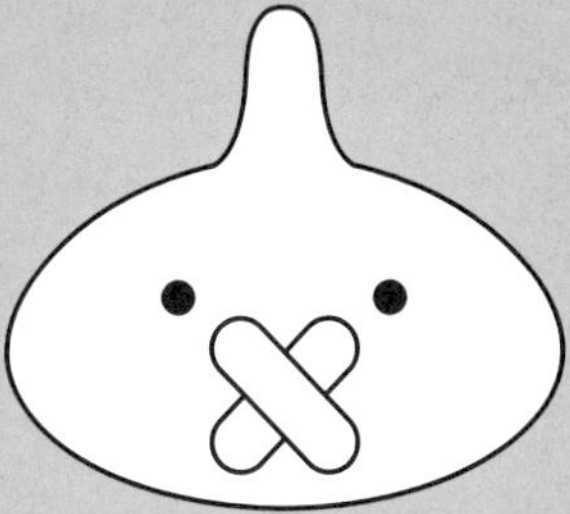

UNIT 4 描寫動作 默劇的演出

◉故事屋

（默劇大師 卓別林）

小朋友都認識周星馳，但如果問你：「誰是卓（ㄓㄨㄛˊ）別林？」可能就不認識了。

卓別林（Charlie Chaplin，一八八九—一九七七）是電影界的默劇大師。古早時代的電影只有黑色和白色，演員是不講話的，因為是無聲影片，就稱為「默片」。

由於默片缺少演員的對話，觀眾只能從演員的動作和表情，來理解電影情節，所以演員誇張的動作，就成為製造笑料的來源。卓別林曾經創造出許多特別的表演動作，例如：人被卡進機器的樣子、扭屁股的走路姿勢、鴨子的走路姿勢、鎖螺（ㄌㄨㄛˊ）絲的工人在輸送帶前，不斷重複做著單調的動作……等。卓別林的創造力，就是來自他的好學與刻苦耐勞。

有天，卓別林在路上遇到一個流浪漢，他想：「這流浪漢的樣子很有意思，不如跟他聊聊，說不定會聽到有趣的故事！」於是就請流浪漢到酒吧喝酒。流浪漢不停地講他的流浪生活和冒險經歷，像用什麼方法搭便車，曾去過哪些城鎮和國家，遇過什麼趣事等。卓別林很認真地聽，還模仿流浪漢的動作、姿勢，觀察他的表情，甚至個性和習慣。

兩人聊得十分盡興。酒足飯飽後，離

開酒吧，卓別林向流浪漢表達感謝：「我要謝謝你，因為你讓我想出一部很棒的影片。」不久，他就以「流浪漢」的形象，在電影界奠(ㄉㄧㄢˋ)定地位。

有段影片記錄了卓別林拍片的幕後過程：卓別林在餐廳吃飯，當他坐好了，旁邊的客人卻把椅子踢開，害他一屁股摔(ㄕㄨㄞ)到地上。

為了拍好跌倒的鏡頭，卓別林不厭其煩地換角度、修改動作，也因此一次次地摔在地上，算一算，竟然摔了將近兩百次，他的電影就是這樣製作出來的。

卓別林從流浪漢身上，想出一部好電影，並不因對方是流浪漢而排斥他，反而把對方當作學習的對象。他不屈不撓(ㄋㄠˊ)，忍受肉體的疼痛，只求把最好的表演呈現給觀眾，難怪卓別林最終成為二十世紀電影史上，歷久不衰的默劇大師。

小朋友，讀完這個小故事，請問：

1.在這個故事裡，總共舉出哪些卓別林的表演動作？

2.在故事裡，出現了哪些成語？

一、前奏：動詞與動作描寫

小朋友寫作時，常忘記把人物的動作、行動描寫出來，使得文章「一點也不生動」，這是因為大家總是忽略觀察「動作」。

當你看見電視上的明星，是不是只注意他們的長相、身上的衣服、打扮、髮型等，卻忽略他們的動作？其實只要你仔細觀察，就能發現每個明星都有自己的小動作喔！

像小S說不出話時，會翻白眼看天花板，嘴唇動來動去，有時手撐（ㄔㄥ）著額頭，一副受不了的樣子。「櫻桃小丸子」的卡通

觀察你的家人，他們有哪些習慣動作呢？

1.爸爸的習慣動作是：

____。

2.媽媽的習慣動作是：

____。

3.我的習慣動作是：

____。

4.__________的習慣動作是：

____。

5.__________的習慣動作是：

____。

人物「花輪」，每次進教室看到班上的女同學，就會很浪漫地對著她說：「Hi！Baby！」一邊說，一邊撥著他額頭上的長捲瀏（ㄌㄧㄡˊ）海。

當你作文描寫人物，如果將這些動作用文字寫在文章裡，就能使文字像「有了生命」，「活」起來了！

活潑的動詞

動詞是句子的靈魂，有了動詞，句子才能「活起來」；沒有動詞，文章就只剩一大堆名詞和靜態的描寫，感覺毫無生命。動詞這麼重要，可是，到底什麼是「動詞」呢？

動詞在句子中，可以表達事物的動作或狀態，使句子有「行動力」。例如，蠟筆小新回家會說：「我回來了！」句子的動詞就是「回來」，表現回家的動作；外婆打手機給你，問你在哪裡？你回答：「我在學校。」句子的動詞就是「在」，表現你的狀態是在學校。

大部分的句子都要有動詞，但如果句子少了動詞，會變成怎樣呢？讓我們去掉句子的動詞看看：

我回來了！ ⇨ 我了！

我在學校。 ⇨ 我學校。

去吃飯！ ⇨ 飯！

少了動詞的句子，不但不能表達出完整的意思，而且非常單調。所以小朋友寫作文，一定要重視動詞的使用喔！

請幫下面的句子，填入適合的動詞：

駕	看	飛	跳	擺盪	吞	衝

1.大頭鳥翠蒂快樂地在天上＿＿＿＿＿。

2.蜘蛛人吐著絲，在高樓大廈之間＿＿＿＿＿。

3.蝙（ㄅㄧㄢ）蝠（ㄈㄨˊ）俠＿＿＿＿＿著性能超強的蝙蝠車，＿＿＿＿＿進小丑的祕密基地。

4.柯南＿＿＿＿＿上噴射滑板，從摩天樓越過已經斷裂的連絡空橋。

5.綠巨人史瑞克＿＿＿＿＿到滿桌的食物，忍不住＿＿＿＿＿了一口口水。

有趣的動作描寫

人心裡的想法，常會由動作表現出來，「動作」能夠表現許多有趣的意義，寫作文的時候，千萬別忽略動作描寫。小朋友喜歡看的《西遊記》，就將動作描寫得十分傳神。

孫悟空和魔王打架，他拔一根毫毛變出幾百個小猴分身，一起對付魔王，書裡描寫那些小猴：「前踴（ㄩㄥˇ）後躍（ㄩㄝˋ），鑽上去，把魔王圍繞，抱的抱，扯的扯，鑽襠的鑽襠，扳（ㄅㄢ）腳的扳腳，踢打撏（ㄒㄩㄣˊ）毛，摳（ㄎㄡ）眼睛，捻（ㄋㄧㄢˇ）鼻子。」

這段文字用的動詞有：踴、躍、鑽、圍繞、抱、扯、鑽、扳、踢、打、撏、摳、捻，這麼多動詞串成動作描寫，讀這些文字，你的腦海就會出現畫面了。

　　如果你寫「下課時間」，就可以寫：「下課了！大家又叫又跳地跑出教室。」一定比寫「下課了，大家離開教室」要生動許多。

　　寫腳踢到石頭：「我踢到石頭，腳非常痛。」不如寫：「痛得蹲（ㄉㄨㄣ）下來抱住腳，五官扭曲在一起。」還可以加上「哀嚎（ㄏㄠˊ）」的狀聲詞，這樣就很精采了。

請幫下面的句子加上動作，改寫成生動的動作描寫：

例 聞花香。→ 我喜歡聞花香，看花時，會把鼻子靠過去聞。

1.看牙醫。→

。

2.彈鋼琴。→

。

3.睡覺。→

。

4.洗澡。→

。

5.梳頭髮。→

。

表情也很重要！

人內心的感情，如高興、生氣、悲傷、害怕、討厭、渴望等，也會在臉上流露出來，變化成不同表情。寫動作時，同時描寫表情，更能達到生動的效果。

如寫人物吃飯，寫他「手拿著筷子，一口一口用力地扒飯」，這樣的動作還不夠，可以加上表情：「他手拿著筷子，一口一口用力地扒飯，眼睛笑得瞇成了一條線。」就把他享受美食的心情表現出來。

寫人物看書：「他一

請觀察自己的表情，並造出描寫表情的句子：

例 我生氣的時候，會露出牙齒，眼睛瞪得大大的。

1. 憤怒的時候：＿＿＿＿＿＿＿＿＿＿＿＿。

2. 害怕的時候：＿＿＿＿＿＿＿＿＿＿＿＿。

3. 高興的時候：＿＿＿＿＿＿＿＿＿＿＿＿。

4. 傷心的時候：＿＿＿＿＿＿＿＿＿＿＿＿。

5. 驚訝的時候：＿＿＿＿＿＿＿＿＿＿＿＿。

頁一頁地翻著書。」還不夠表達看書的心情，就可以改成：「他皺著眉頭，一頁一頁地翻著書，忍不住歎了口氣。」令人想到書的內容應該是很難，或是無趣的，人物才有這樣的表情。

現在，就請小朋友拿出一面鏡子，好好觀察自己的表情，並把它記錄下來吧！

非人類也能「動」

除了有生命的人或動物，我們也可以為不是人類的事物，加上有趣的「動作」喔！如寫地震來時，「書架上的書本像要逃命似的，一個個往下跳」，其實是書架震動，使得書本掉落地上。

也可以加上擬人，如：「春到了！燕子站在樹梢歌唱，蝴蝶披著彩衣飛舞，玫瑰花則是紅著臉兒向人們撒嬌。」燕子、蝴蝶和玫瑰花，都不是人類，但我們可以用人的行為來描寫。

當寫作上需要描寫非人類的事物，可以利用譬喻、擬人等方法，加上想像力，去描述這些事物的動作，將使你的文章更生動活潑。

請造句描述下面幾種非人類的動作：

例 雨：雨點兒快樂地在屋簷上跳舞。

1.花開了：

____。

2.樹被風吹：

____。

3.火車行駛：

____。

4.太陽出來：

____。

5.電風扇：

____。

有沒有發現，這些動作描寫讓句子變可愛了？現在，就用下面的學習單，來練習運用動詞造句吧！

學習單

讓文字扭一下！

小朋友，我們寫作文的時候，只要加上一些動作的描寫，文字就會充滿生命力。下面有四張圖，請你各用一段文字來描寫人物的表情和動作吧！加油！

二、主曲：默劇的演出

請小朋友看過以下幾段文字後，找出段落中「總共有幾個動作」，然後想一想「為什麼會有這些動作產生」？

（一）小美愛撒嬌

小美拿起一本書，輕輕地打開，轉頭問媽媽說：「媽，說故事給我聽好嗎？」媽媽聽了，走到她的面前，笑著說：「好啊！」小美高興地拍拍手說：「好棒喔！」連忙把書拿給媽媽。

總共有（　　）個動作，

分別是：（　　　　　　　　）

小美為什麼高興？因為：（　　　　　　　　）

（二）阿明的煩惱

阿明手上拿著一本書，用力地摔在桌上，拉了一張椅子，重重地坐下，兩隻手支撐著下巴，皺著眉頭，左手捶（ㄔㄨㄟˊ）了一下桌面。

總共有（　　）個動作，

分別是：（　　　　　　　　）

阿明為什麼皺眉頭？因為：（　　　　　　　　）

（三）受到驚嚇的小丸子

小丸子的手上拿著一張考卷，兩隻手抖動

個不停，眼睛瞪得非常大，一邊搖著頭，一邊倒退走了兩三步。

總共有（　　）個動作，

分別是：（　　）

小丸子為什麼搖頭？因為：（　　）

（四）睡醒的我

我早上起床，伸懶腰，一隻手遮住嘴巴打呵欠，一隻手抓著頭髮走進浴室，拿起牙膏擠在牙刷上，開始刷牙。先喝了一口水，再用力吐出來，右手擦了擦嘴巴。

總共有（　　）個動作，

分別是：（　　）

我為什麼抓頭髮？因為：（　　）

（五）弟弟模仿螃蟹

弟弟模仿螃蟹走路的樣子，兩隻手的手指作鉗（ㄑㄧㄢˊ）子，眼珠左右移動，腳步從左邊橫著走到右邊，再從右邊走回來。

總共有（　　）個動作，

分別是：（　　）

螃蟹的眼珠為什麼左右移動？因為：（　　）

（六）哥哥示範打籃球

哥哥示範打籃球給我看，他一隻手做拍打

球的樣子，身體左右移動，像是在閃避對手，接著一邊拍球、一邊小跑步，跳起灌籃。

總共有（　　）個動作，

分別是：（　　）

哥哥為什麼身體移動？因為：（　　）

（七）妹妹表演麻雀

妹妹表演麻雀在地板上跳的樣子，牠的上半身往下壓，翅膀往背後伸展，兩條腿併攏（ㄌㄨㄥˇ），雙腳靠在一起，用跳的方式前進。

總共有（　　）個動作，

分別是：（　　）

麻雀為什麼跳著前進？因為：（　　）

（八）我洗澡的步驟

我洗澡的時候，會先拿一塊肥皂抹在身上，雙手往後擦著背部，先洗上半身，再往下擦洗雙腿，最後再拿蓮蓬（ㄆㄥˊ）頭沖水，把泡沫沖乾淨，擦乾全身。

總共有（　　）個動作，

分別是：（　　）

我的手為什麼要往後？因為：（　　）

小朋友可以在家裡試試看，按照這八段文字描寫的動作，實際做一次，看看是不是真的可以做到這些動作？

三、尾聲：作文

題目： 上體育課

說明：

上體育課的好處有很多，不僅可以讓人養成運動的好習慣，鍛鍊強健的體魄，讓頭腦變得更清楚、更聰明，運動還可以增加個人的成就感，減少心情的焦慮和沮（ㄐㄩˇ）喪（ㄙㄤˋ），讓心情變好喔！

許多小朋友都愛上體育課，因為可以玩到各種球類運動，同學可以互相比賽、較勁，所以只要哪天要上體育課，大家的心情就非常興奮，期待上課的時間。

但是，有的小朋友卻很討厭上體育課，每次上課前，就在心裡拜託老天爺下雨，時間越來越接近體育課，望著天邊密布的烏雲，同學們一個個為了不能打球而唉聲歎氣，只有他因為下雨而竊（ㄑㄧㄝˋ）喜。

想一想，你是屬於哪一種？你喜歡或討厭上體育課的原因是什麼？請你把最喜歡的運動找出來，然後將上課的狀況描述一下，最重要的是，一定要運用動作描寫喔！

範文示例：

上體育課

「要上課囉！」大家高興地喊著，又叫又跳地飛奔到操場上，終於到了全班最期待的體育課，今天要打籃球。體育老師常說：「人活著就是要動！」所以每次都讓我們玩各式各樣的球類，讓大家忙完了課業，能夠舒展筋骨，調劑身心。

在許多球類運動當中，我最喜歡打籃球，因為打球的時候需要攻擊和防守，除了要運用技巧外，還要動動腦筋。在打籃球的時候，我必須靈活地移動身體，左擋一下，右擋一下，有時還要轉身，用背部擋住對手的搶球攻勢，然後趁對手不注意的時候，用力地蓋對方火鍋，更要注意別被對手撞倒，所以打籃球等於是全身運動。

雖然每次上完體育課總是汗流浹背，全身髒兮兮，累得舉不起腳，但我只要一聽到要上體育課，就會立刻精神百倍、生龍活虎。上體育課，不但可以盡情地玩樂，學習團隊合作，還可以鍛鍊我們的身體，希望以後的體育課，都能像現在這樣，在快樂中度過。

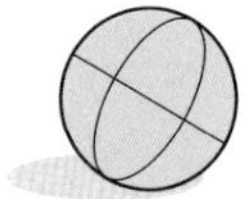

詩佳老師說作文

這篇範文寫得很有動作感，將球場上打球的姿態，活靈活現地在紙上演出，讓人閱讀以後，也蠢蠢（ㄔㄨㄣˇ）欲動地想上球場投幾個籃球。

第二段說到「打籃球」不僅是「需要攻擊和防守」的身體運動，也是「大腦」的運動，兩者合一，才能打好一場球。小朋友對球類運動能有這樣的見解，實屬可佳，突破一般人以為運動只是「身體的活動」的認識。

文章在描寫打球的過程時，用了三次「擋」字：「左擋一下，右擋一下，有時還要轉身，用背部擋住對手的搶球攻勢。」這麼寫很好，但是如果用其他同義字表示，再加上一些細部描述，就能更傳神地呈現球場上的廝（ㄙ）殺過程。

例如：「左『抵（ㄉㄧˇ）』一下，右『頂』一下，有時還要轉身，用背部擋住對手的搶球攻勢，然後趁對手不注意的時候，用力地蓋對方火鍋，『更要小心別被對手撞倒』，所以打籃球等於是全身運動。」這樣，就呼應了第一段，說明打籃球是身體和大腦合作的運動啦！

小朋友上完體育課後的疲憊（ㄅㄟˋ），也在文中栩栩（ㄒㄩˇ）如生地表現出來，同時說明了「上體育」的賣力，和熱愛籃球的心情，是一篇佳作喔！

參考答案

故事屋：

1. 人被卡進機器的樣子、扭屁股的走路姿勢、鴨子的走路姿勢、鎖螺絲的工人在輸送帶前，不斷重覆做著單調的動作……等。卓別林在餐廳吃飯，當他坐好了，旁邊的客人卻把椅子踢開，害他一屁股摔到地上。
2. 刻苦耐勞、不厭其煩、不屈不撓、歷久不衰

小小練習2：

1.飛　2.擺盪　3.駕，衝　4.跳　5.看，吞

學習單：

1. 喜：媽媽的一隻手按著胸口，另一隻手舉向大家，滿臉陶醉的樣子，開心地唱著歌兒。
2. 怒：哥哥生氣了，他的眉毛直立起來，腳用力的踏著地板，怒氣沖沖地向我走過來。
3. 哀：小明一邊哭，一邊用手捶（ㄔㄨㄟˊ）著地板，非常傷心的樣子，因為他考了最後一名。
4. 樂：我看了蠟筆小新的卡通影片，忍不住抱著肚子哈哈大笑，躺在地上打滾。

二、主曲：

（一）1.7　2.拿書、打開書、轉頭、走、笑著說、拍手、拿給媽媽

（二）1.6　2.拿書、摔在桌上、拉椅子、坐下、手支撐下巴、捶桌面

（三）1.4　2.拿考卷、手抖動、搖頭、倒退走

（四）1.8　2.伸懶腰、打呵欠、抓頭髮、拿牙膏、刷牙、喝水、吐出來、擦嘴巴

（五）1.4　2.手指做鉗子、眼珠移動、腳步左移動、腳步右移動

（六）1.5　2.拍球、身體移動、拍球、小跑步、跳

（七）1.4　2.身體下壓、手往背後伸展、腿併攏、跳

（八）1.7　2.抹身體、手往後擦、洗上半身、洗雙腿、拿蓮蓬頭、沖水、擦乾

第五課

誇大法

吹破牛皮也不怕！

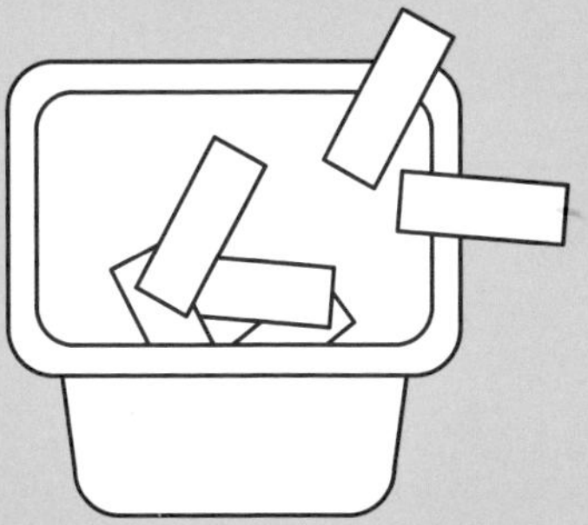

UNIT 5 誇大法 吹破牛皮也不怕！

● 故事屋

去阿威家游泳

星期四是阿威的生日。晚上，爸爸神祕兮兮地送給阿威一件禮物。阿威打開一看：「哇！是個漂亮的吹氣游泳池耶！」他和爸爸七手八腳地把游泳池打開，爸爸拿出打氣筒，一下子，游泳池就大功告成。

游泳池的外觀是藍色的，上面有許多魚和水草的圖案。阿威趕快換上泳裝，爸爸在泳池裡裝滿水，看起來就像個大型的水族箱。接著，他們又放進五顏六色的玩具魚和玩具小鴨，就開始玩水了，真是愉快！

第二天到學校，阿威興奮地對他的好朋友哈尼說：「我爸買了吹氣游泳池，星期六來我家玩吧！」哈尼忙著吃他的「麥當勞經濟早餐」，張著沾滿番茄醬的嘴說：「嗯……好啊！……唔……」

上體育課時，哈尼對隔壁班的喬治說：「喂，阿威家有游泳池，星期六過來玩吧！」喬治很高興，就跟他的同學史班塞講：「阿威家有游泳池，裡面養了金魚喔！我們可以一起去玩，把你的潛水用具帶來吧！」史班塞很興奮，放學的時候，遇到小米和貝貝，她們是一對美麗的姐妹花。史賓塞對她們說：「阿威家的游泳池很大、很深，還可以潛水，說不定還有滑水道，星期六妳們也一起來吧！我請客。」

小米和貝貝甩甩（ㄕㄨㄞˇ）美麗的長

髮，對著史班塞點點頭，就走了。她們上床睡覺前，問弟弟羅賓(ㄅㄧㄣ)：「要不要跟我們去阿威家游泳？」羅賓很猶豫，因為他想跟兄弟們去打球。小米和貝貝很希望弟弟陪她們去，就說：「阿威家的游泳池很深，可以潛水，還有長達一百公尺的滑水道，是新蓋好的喔！不去真的太可惜了。」羅賓聽了非常高興，說：「那一定很好玩！好，我明天就通知我的兄弟們，星期六大家一起去。」

終於到星期六的早上，不必上學，阿威躺在床上賴床。忽然門外傳來媽媽的尖叫聲：「阿威！快出來告訴我這是怎麼回事！」阿威打著哈欠走出大門一看，天呀！家門口排了好長好長的隊伍，幾乎住在這附近的小朋友都到齊了，隊伍綿延了好幾條街。阿威問這是怎麼回事？才知道他的「吹氣游泳池」，已經變成「豪華百公尺水道附加SPA按摩功能游泳池」，真的是太誇張了！

小朋友，讀完這個小故事，請問：

1.在這個故事裡，總共出現哪些誇大的說法？

2.你能不能畫出故事裡充氣游泳池的樣子？

一、前奏：認識誇大法

本課要帶小朋友認識的是「誇大法」，這是一種用文字表現誇張的寫作技巧。

「誇張」又叫作「吹牛」、「亂蓋」。有時我們想吸引別人注意，就必須把話講得誇張一點，才比較有「笑果」。說鬼故事的時候，如果不誇張一點，聽眾就不覺得恐怖了。

生活上，你到處可以看到誇張的行為，如笑的方式有很多種，有人微笑，有人卻在地上滾來滾去地大笑；哭則有放聲大哭、號（ㄏㄠˊ）哭、哭倒在地上等。「誇張」真是無所不在。

有些廣告用詞很誇張，目的在吸引觀眾的注意，像某些藥品廣告就說可以讓人「六十天瘦三十幾公斤」、「一個禮拜長高一公分」、「吃了立刻變聰明」，或是廣告演員為了表示化妝

假設你是個賣衛生紙的商人，請你想出三句「誇張」的廣告詞吧！

例 X牌衛生紙，比天上的雲還要柔軟喔！

1. 。

2.

3.

品的效果，說：「我的臉好油，油到可以煎蛋了！」或：「你看得出來，我每天只睡一個小時嗎？」雖然很誇張，但令人印象深刻，提高大家購買的興趣。

「誇張」，真的很重要啊！

誇大與縮小

作文也可以運用「誇張」的方法。

有時為了使文章生動，或強調想表達的內容，可先把要描寫的人、事、物的特點找出來，然後再將這個特點誇大描寫，會給人誇張、強烈而有趣的印象，如「老鷹飛得比子彈還快」，明明不符合事實，卻能加深讀者印象。

古蒙仁〈吃冰的滋味〉說：「一個夏天下來，吃掉的冰恐怕都要多過自己的體重。」把吃冰的量，形容得比體重還大。

廖玉蕙的〈示愛〉說：「妹，妳真會諂（ㄔㄢˇ）媚欸！也不怕閃到舌頭！」形容人說話諂媚，會閃到自己的舌頭，這些都是誇張的說法。

另外，把事物的特點或自己的情意，形容得很小、很不起眼，或是很不重要，雖然是縮小的描寫，但也是誇飾的一種。例如：「你走路的速度簡直比烏龜還慢！」或：「她的心眼比針孔還小。」不論誇大或縮小，只要描寫不合事實，相差了好幾倍，都可以當作是誇張的形容。

請用誇大和縮小的方法，造出誇張的句子：

例 說話太慢：阿民講話的速度很慢，等他說完一句話，所有的人都睡著了。

1.時間太久：

。

2.衣服太小：

。

3.吃得太多：

。

4.房間太窄：

。

誇張的人和心情

有時，我們寫「人」也可以寫得很誇張，讓人的個性或外表，變得十分鮮明。例如描寫懶惰、不愛乾淨的人，就可以寫他像「住在垃圾堆裡的流浪漢，身旁一堆垃圾，卻不覺得臭」；描寫人看到自己喜歡的事物，就寫「他的眼睛會發亮，鼻孔張大，因為太感動了，還流眼淚呢！」

人的心情也能誇張地表現出來。例如：做了丟臉的事，覺得不好意思，感覺臉頰上像是有火在燒；吃著媽媽親手做的便當，彷彿置身天堂一樣，充滿幸福的感覺；寫到和好朋友吵架了，那種惡劣的心情，像掉入十八層地獄似的，難受到極點。這些都是誇張的表達方式。

請用誇張的方式，描寫人物和他的心情：

例 聽到有人說我的壞話：我氣得快昏倒了，滿臉通紅，頭上冒出憤怒的火焰。

1.描寫有潔癖（ㄆㄧˋ）的人：

______________________________。

2.明天要郊遊，我的心情像：

______________________________。

3.小明考試不及格：

______________________________。

4.爺爺生病住院，我的心情像：

______________________________。

詩裡的「誇張」

小朋友愛讀童詩，是因為它充滿想像和趣味，童詩這麼有趣，就是運用許多擬人、譬喻和誇張的寫法。「誇張」在詩歌裡，是很重要的技巧。

詩人筍（ㄙㄨㄣˇ）孫的〈地球儀〉說：「我雖然很小，卻是一個小巨人／用一根手指，我就能撥動整個地球／吹一口氣，我就能運轉山川海陸／一個巴掌遮住半面大洋，比一比／半截（ㄐㄧㄝˊ）小臂掩蓋一條大河，比一比／你看，我能頂著最高的聖母峰／你看，我能撫（ㄈㄨˇ）觸（ㄔㄨˋ）著最冷的北極／我可以一拳撞碎半個世界，我可以／我可以雙手摔毀整個地球，我可以。」

如果我們把手放在地球儀上，就像能一手掌握「世界」，彷彿自己是童話中的巨人，或是神話裡的盤古、夸（ㄎㄨㄚ）父（ㄈㄨˋ），真的很有趣！

南星的〈捉太陽的小娃娃〉說：「小娃娃要捉池塘裡的太陽／不肯回家／把眼淚聚成一片汪洋／哭的勁道強得連青蛙都比

請把詩句中誇大的部分，用筆畫出來，再朗誦一次：

例 大白鵝，脖子長。牠說／天下個子我最高，天塌（ㄊㄚ）下來，我來擋。（林煥彰／白鵝的話）

1. 爸爸高興的時候／說話特別大聲／連天花板都會震動。

（邱雲忠／爸爸）

2. 微笑比糖更甜／微笑比花更香。

（郁化清／微笑）

3. 牛毛般的雨水降下。

（陳義芝／雨水台灣）

4. 世界上力氣最大的人，就是指揮交通的警察伯伯，因為他練有掌風，只要單手輕輕一推，幾十輛汽車就一動也不動了。

（趙淑貞／交通警察）

5. 再不久，我長大，這世界會連我的肚子都裝不下。

（林武憲／井裡的小青蛙）

不上。」小娃娃哭得很厲害，流了許多眼淚，詩裡說眼淚聚成一片汪洋，就是誇張地形容眼淚很多。

在詩句使用誇大法，能夠製造出強烈的情感，更容易引起讀者的共鳴喔！

童話的「誇張」

小朋友愛讀的童話故事，很多都是用誇大法寫成的，例如〈大野狼與七隻小羊〉。故事中，大野狼一口氣吞掉六隻小羊，當牠吃飽睡著了，卻被羊媽媽拿剪刀剪開肚皮，塞進許多大石頭，再縫合起來。

你有沒有想過，野狼怎麼可能一口氣吞掉六隻羊呢？牠不會噎（ㄧㄝ）住嗎？野狼怎麼會乖乖地被剪破肚皮呢？難道不必麻醉？另外，時鐘怎麼可能塞進一隻羊？時鐘有那麼大嗎？為什麼小羊不會被消化掉？

講作菜故事的卡通「中華一番」，描述主角吃到充滿彈性的麵條，連牙齒都被彈開來！吃到美食的感受，也表現得非常誇張，出現人物開心得在空中飄，人物背後出現飛龍在天的景象，表示吃到的食物實在太美味了！主角切的菜會自動飛到鍋子裡，煮好的食物會冒出金光，都是誇大的表現。

這些童話、漫畫或卡通誇張的表現方式，是不是讓你印象深刻？如果你曾經想過這些問題，就表示你已經了解什麼是誇大法囉！

你還能想到其他誇張的童話或卡通嗎？

1.童話
故事名稱：______________________________。
誇張的理由：

____。

2.漫畫
書籍名稱：______________________________。
誇張的理由：

____。

3.卡通
影片名稱：______________________________。
誇張的理由：

____。

學習單

誇大的句子好生動！

小朋友，請你比較下面的句子，看看左邊的句子和右邊的有什麼不一樣？然後用誇大法造句。

媽媽好兇。 ⇨ 媽媽比獅子還要兇。

1. 弟弟講話很大聲。 ⇨

2. 哥哥聽力很好。 ⇨

3. 我很怕拔牙。 ⇨

4. 爸爸很生氣。 ⇨

5. 小明肚子痛。 ⇨

6. 阿美很漂亮。 ⇨

7. 學校離家裡很遠。 ⇨

8. 酸辣湯很辣。 ⇨

9. 回家作業很多。 ⇨

二、主曲：吹破牛皮也不怕！

（一）吹牛練習

表格中有二十五個題目，請小朋友幫每個題目想一個誇張的形容，並把描寫的對象填進表格中。例如題目是「腳很大」，描寫的對象是「我」，就可以形容成：「我的腳很大，大到像一艘（ㄙㄠ）船，還可以載人呢！」你也可以自己決定描寫的對象。加油！

題號	題目	描寫的對象
1	山很高	山
2	哭聲很大	（　　　　）
3	地震來時	地震
4	打哈欠	（　　　　）
5	太陽很大	太陽
6	風很大	風
7	肚子餓	（　　　　）
8	雨很大	雨
9	從樓上摔下來	（　　　　）
10	家裡很有錢	（　　　　）
11	很臭的屁	（　　　　）
12	發高燒	（　　　　）

13	老師很兇	老師
14	很漂亮	（　　　　）
15	天很黑	天空
16	檸檬汁很酸	檸檬汁
17	個子很矮	（　　　　）
18	很溫柔	（　　　　）
19	淹水時	水
20	天氣很冷	天氣
21	頭髮很油	（　　　　）
22	長得很醜	（　　　　）
23	房子很大	房子
24	視力很好	（　　　　）
25	走路	（　　　　）

1.山很高。→

____________________。

2.哭聲很大。→

____________________。

3.地震來時。→

____________________。

4.打哈欠。→

____________________。

5.太陽很大。→

____________________。

6.風很大。→

____________________。

7.肚子餓。→

。

8.雨很大。→

。

9.從樓上摔下來。→

。

10.家裡很有錢。→

。

11.很臭的屁。→

。

12.發高燒。→

。

13.老師很兇。→

。

14.很漂亮。→

。

15.天很黑。→

。

16.檸檬汁很酸。→

。

17.個子很矮。→

。

18.很溫柔。→

。

19.淹水時。→

。

20.天氣很冷。→

。

21.頭髮很油。→

。

22.長得很醜。→

。

23.房子很大。→

。

24.視力很好。→

。

25.走路。→

。

(二)打個分數吧！

小朋友，作完了吹牛練習，請你為自己剛剛造好的句子，打個分數吧！看看哪個句子最誇張，以後就可以使用在作文裡。記得，要把得獎的理由寫下來喔！

名次	題目	理由
第一名		
第二名		
第三名		

三、尾聲：作文

題目：

我最害怕的事

說明：

每個人在生活上，可能都會害怕一些事情，許多小朋友害怕考試不及格，生病時害怕打針、吃藥，天黑了，又怕睡不著覺，下雨怕打雷閃電，更不用說有人怕蟑螂、怕老鼠了。

我們在生活中，總會有許許多多的「害怕」，以考試來說，你為什麼會害怕考試？是因為擔心考不好，回家會被父母處罰嗎？也許因為這樣，久而久之就害怕考試了。

尤其考試時要面對時間與壓力的挑戰，這都會使人感到害怕，還會引起一些生理反應，例如：額頭或手心出汗、口乾舌燥（ㄗㄠˋ）、心跳加速、臉色發白、胃痛、拉肚子等。想一想，你是否有過類似的經驗？

寫作可以解放壓力，甚至可以治療心情，所以今天的作文，就是要小朋友寫出心中最害怕的事情，讓你藉著寫作，克服這些恐懼，去面對它、接觸它、了解它，這樣就能成為一個勇敢的孩子。

現在，就請你運用本課所學到的「誇大法」，寫出你遇到最害怕的事物時，心情是怎樣的？又有哪些生理反應呢？加油喔！

範文示例：

我最害怕的事

我最害怕考試了！每次聽老師說要考試了，我的臉就會燙燙的，心也怦怦（ㄆㄥ）亂跳，又像掉入了沒有底的井裡，整晚一直作惡夢。最糟的是，如果考不好，就會被媽媽打得「皮開肉綻（ㄓㄢˋ）」，所以我最害怕考試。

通常在考試的前一天，我就會覺得頭皮發麻，像被雷打到似的，全身的雞皮疙（ㄍㄜ）瘩（˙ㄉㄚ）都冒出來了。考試前，我也很容易拉肚子，像有好幾隻老鼠在我的肚子裡，鑽來鑽去，弄得我痛得不得了，只好吃吃胃腸藥，然後躺在床上休息。真的，每次都是這樣！

到了考試的當天，我面對著陌生的考卷，只覺得一陣暈眩（ㄒㄩㄢˋ），全身都在不停地發抖。我拿著筆，臉色快速地發白，但很快又回到現實，回到眼前的考卷。雖然眼前的題目是很難的，但我想，我還是能咬著牙度過這一關。

祝我好運吧！

詩佳老師說作文

每個人都有「最害怕的事」，因為害怕，使得你所有情緒性的反應，都被無限擴大或縮小，是一種很特別的心理現象。在寫作文時，「誇飾法」往往帶來意想不到的效果。

本文一開始用了「臉就會燙燙的」、「心也

怦怦亂跳」、「掉入了沒有底的井裡」，描寫害怕考試的感覺。如果想要加強害怕的心理反應，建議你可以更細緻地寫成「我的臉熱到發燙」、「心怦怦地跳出來」。

而考試考壞了「被媽媽打得『皮開肉綻』」，是很誇大，但你也可以用「被爸媽禁止看電視到『下一個世紀』」，或是「被罰抄書抄到『海枯石爛』」、「被禁足到『不知今夕何夕』」等，也都符合父母管教小孩的方式。更重要的是，這些都運用到誇飾的手法。

當考試逼近，害怕的情緒會更加高漲，在感受的形容上就要更誇張才行，像「頭皮發麻」、「被雷打到」、「有好幾隻老鼠在我的肚子裡鑽來鑽去」等，都是比第一段更誇張的誇飾方法。老師在這裡建議你也可以用：「五臟六腑也聯合起來欺負我，在我的肚子裡大跳踢踏舞」，形容因為緊張造成身體的不適感。

誇飾法，其實就是想像力的運用，有豐富的想像力，看待事物的眼光就不會太過膚淺，只要你好好地發揮想像，自然可以運用自如囉！

參考答案

故事屋：

1.裡面還養了金魚。還可以潛水，說不定還有滑水道。
還有長達一百公尺的滑水道，是新蓋好的。

小小練習4：

1.連天花板都會震動
2.微笑比糖更甜，微笑比花更香
3.牛毛般的雨水
4.只要單手輕輕一推，幾十輛汽車就一動也不動了
5.這世界會連我的肚子都裝不下

學習單參考：

1.弟弟的聲音大到連外太空都聽得見。
2.哥哥的聽力和美洲豹不相上下。
3.我每次去看牙，心情就像掉到十八層地獄一樣。
4.爸爸氣得頭上冒著火。
5.小明的肚子痛到在地上打滾。
6.阿美漂亮到讓人一輩子都不會忘記。
7.學校距離我家簡直是十萬八千里遠！
8.酸辣湯辣到我的嘴巴都快要噴火了！
9.我的回家作業堆得像小山一樣。

二、主曲：吹破牛皮也不怕！

(一)吹牛練習參考：

1.山很高，高到快要碰到臭氧層了。
2.妹妹的哭聲大到天都快崩塌，太陽都要跳下來抗議了。
3.地震來時，地面裂開，像巨獸一樣把人吞掉。
4.妹妹打哈欠時吐出來的氣，可以把人吹到外太空去。
5.太陽很大，可以把每個人都曬成了炭。
6.風很大，大到可以把101大樓給吹倒。
7.我的肚子很餓，餓到想吃人了！
8.雨很大，大得可以把地板擊破。
9.小明從樓上摔下來，摔成了「肉餅」。
10.同學家裡很有錢，錢多到可以把101大樓裝滿。
11.妹妹放的屁比臭鼬(ㄧㄡˋ)還要臭。
12.弟弟發高燒，燒到頭頂都冒煙了。

13. 老師很兇，比獅子老虎還要兇。
14. 我的媽媽很漂亮，漂亮得可以迷倒全世界的人。
15. 天空很黑，簡直比墨汁還要黑！
16. 我買的檸檬汁很酸，酸到可以把腸胃融化掉。
17. 弟弟的個子很矮，害我要拿著放大鏡找才行！
18. 阿美的溫柔，簡直可以把人給溶化了。
19. 淹水時，水激起的浪比熊的爪子還要兇，把人們抓走了。
20. 天氣很冷，冷到可以把滾燙的熱水結冰。
21. 爸爸的頭髮很油，蒼蠅站在上面都會滑下去。
22. 東施長得很醜，每當她出門，路上的行人都躲起來了。
23. 我家的房子很大，一整天都還走不到廁所那裡。
24. 我的視力很好，連媽媽在國外做什麼都看得到。
25. 爸爸走路很用力，可以把房屋震垮。

第六課

譬喻法

我爸爸像……

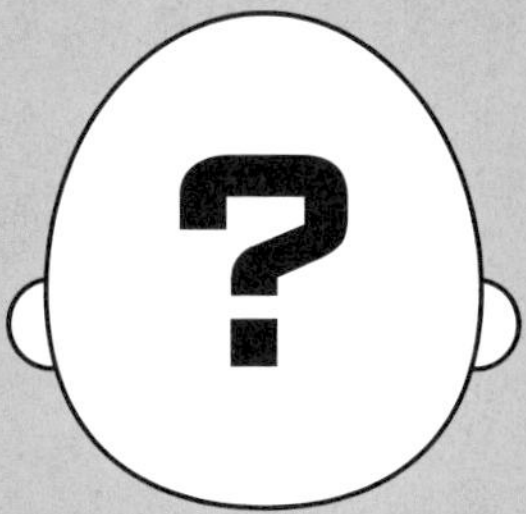

UNIT 6 譬喻法 我爸爸像……

講話愛用比喻的惠施

◉故事屋

戰國時代有個宋國人，名叫惠施，是個很有名的辯(ㄅㄧㄢˋ)論家。

有一次，梁國對天下徵求宰相，惠施聽到這個消息，就前往梁國，想以他的三寸不爛之舌說服梁王，任用自己為宰相。

梁王身邊的大臣知道惠施要來了，都相當緊張，他們知道惠施這個人太會說話，擔心大王一旦任用他，會影響朝中大臣的地位，於是就勸梁王：「惠施這個人在辯論的時候，擅(ㄕㄢˋ)長利用比喻的方式說服對方，非常狡(ㄐㄧㄠˇ)猾！如果大王您不准惠施使用比喻的方式，也許惠施就無技可施了。」於是梁王聽從大臣們的勸告，打算和惠施見面時，好好地刁難他。

到了見面的那一天，惠施興匆匆地來了，梁王不等惠施開口，就先說：「希望先生講事情的時候，有話就直說，不可以用比喻的方式。」

惠施聽了，立刻知道可能有人故意陷害他。他不能違抗大王的命令，可是，真要他乖乖地自廢武功，又很不甘心。

於是惠施從(ㄘㄨㄥ)容地回答：「大王，現在有人不知道彈(ㄉㄢˋ)弓是什麼東西，而問別人：『彈弓的形狀像什麼?』旁邊的人回答：『彈弓的形狀就像彈弓。』

請問大王，那個人的回答夠不夠清楚？能使人明白嗎？」

梁惠王搖搖頭說：「的確是不能使人明白。」

惠施立刻接著說：「於是那個人就換了一種方式回答，他說：『彈弓的形狀就跟射箭的弓一樣，是用竹子來做弦的。』請問大王，那人回答的方式，能夠使人明白嗎？」

梁惠王點頭說：「嗯！這次就可以使人明白。」

惠施就說：「要說清楚事情的道理，本來就是要用一般人熟悉的事物，去比喻對方不熟悉的事物，而讓對方明白。現在，大王命令我不能用比喻的方式與您談話，我就沒辦法說明事理了。」

梁王聽了點頭說是，就不再為難惠施，而惠施也順利地當上梁國的宰相。

小朋友，讀完這個小故事，請問：

1.在這個故事裡，惠施舉了哪個譬喻？

2.為什麼說話要使用比喻呢？

一、前奏：認識譬喻法

寫文章有時為了使別人容易理解，通常會用比喻的方法來加以描寫，這種修辭方法就叫作譬喻法。

譬喻法可用來描寫人或物的外表、個性和特質，通常是拿某樣事物去形容另一樣事物，而且這兩種事物必須要有共同點，或是相似的地方，才能夠彼此拿來比喻喔！

例如，常常有人說：「你和你哥哥長得好像喔！」你和哥哥的共同點就是長相相似，都是同一個父母所生。有的男生讚美女生，

請你利用題目上的詞語，造出譬喻法的句子：

1.珍珠，星星：

______________________________。

2.爸爸，螞蟻：

______________________________。

3.冰屑，雪花：

______________________________。

4.字典，老師：

______________________________。

5.胖子，氣球：

______________________________。

就會說：「妳的眼睛像星星一樣明亮。」是把女生的「眼睛」比喻為「星星」，兩者的共通點就是「明亮」，女生聽了都會很開心。

辨別譬喻句

你能分辨哪些句子是用譬喻法寫成的？譬喻法的句子有一個簡單的規則：

A 像 B

或

A 是 B

譬喻法有一個很容易辨別的特徵，只要你看到句子當中有：是、為、像、就像、好像、好比、比方、似、好似、如、有如、般、彷彿、宛如等詞語，加上內容是「拿某樣事物去形容另一樣事物」，就知道那是用譬喻法寫成的句子。

請你找出譬喻法句子的特徵，並將它們圈選出來：

例 爸爸是家的船長，帶領全家人航（ㄏㄤˊ）向幸福的未來。

1.那些石頭有的像女王頭，有的像觀音的側臉。

2.她的眼睛像是照妖鏡，把人的缺點都「照」出來了。

3.姑娘的臉頰好似一朵山茶花。

4.風聲有如猛獸的咆（ㄆㄠˊ）哮（ㄒㄧㄠˋ），嚇得人睡不著覺。

5.花香彷彿一陣輕煙，迅速地消失。

詩裡的譬喻

童詩常用到譬喻法，讓人讀起來很有趣味。小朋友剛開始學用譬喻法寫詩，可以先讀一讀好的作品，吸收別人的優點。

趙天儀的〈落葉〉說：「在爸爸的眼裡／落葉是一枚枯萎（ㄨㄟ）的標本／在孩子們的心裡／落葉卻是一隻墜（ㄓㄨㄟˋ）落的蝴蝶。」把落葉比喻成掉落的蝴蝶，表示孩子看周遭事物的眼光和大人不同，充滿美感和浪漫。

楊喚的〈水果們的晚會〉：「窗外流動著寶石藍色的夜，屋子裡流進來牛乳一樣白的月光。」把月亮的反光比喻成像牛奶一樣白，十分特別。

小朋友，你也可以試著用譬喻法寫童詩喔！

請模仿下面的詩句，寫出有創意的句子吧！

例 珍珠似的星星好鑲（ㄒㄧㄤ）在那頂王冠上呀。（楊喚／童話裡的王國）
仿作：銀盤似的月亮好掛在那黑色的夜呀。

1.樹葉是小毛蟲的搖籃，花朵是蝴蝶的眠床。（楊喚／家）

仿作：樹葉是＿＿＿＿＿＿＿＿，花朵是＿＿＿＿＿＿＿＿。

2.雪，擁擠在北方，像一群淘氣的白花貓，偷偷爬上屋頂，樹梢……。（李冰／雪）

仿作：＿＿＿＿＿＿＿＿＿＿＿＿＿＿＿＿＿＿＿＿。

3.星星像一盞一盞（ㄓㄢˇ）的小燈，照亮了太陽公公回家的路。（陳綠茵／一輛好新好亮的跑車）

仿作：＿＿＿＿＿＿＿＿＿＿＿＿＿＿＿＿＿＿＿＿。

4.花瓣捲縮起來，像一個一個的鈴鐺。（陳焚／鄰家小哥）

仿作：＿＿＿＿＿＿＿＿＿＿＿＿＿＿＿＿＿＿＿＿。

看歌詞，找譬喻

小朋友都很喜歡聽流行歌曲，但常常沒有很仔細地讀這些歌詞，其實在這些耳熟能詳的歌詞中，就隱藏著許多很棒的修辭方法。

現在，請你看著學習單上的歌詞，試著找出藏在歌詞裡面的譬喻法吧！如果你的手邊正好有這些歌曲，還可以播出來聽聽喔！

學習單

聽音樂，找譬喻

小朋友，聽完好聽的歌曲，看過下面的歌詞後，你能不能找出含有譬喻法的句子呢？請你找出來，並將答案寫在括弧裡。

① 蔡依林 **許願池的希臘少女** 作詞：黃俊郎

少女手中的銀幣　沈入池裡
她的表情像漣漪　那麼透明美麗
吉他換成了快樂的圓舞曲
詩人決定了標題　許願池的希臘少女

⇨這句歌詞是用（　　　　）來比喻（　　　　）。

② 香香 **老鼠愛大米** 作詞：楊臣剛

我愛你愛著你　就像老鼠愛大米
不管有多少風雨　我都會依然陪著你
我想你想著你　不管有多麼地苦
只要能讓你開心　我什麼都願意　這樣愛你

⇨這句歌詞是用（　　　　）來比喻（　　　　）。

③ 周杰倫 **七里香** 作詞：方文山

秋刀魚的滋味　貓跟妳都想了解
初戀的香味就這樣被我們尋回
那溫暖的陽光　像剛摘的鮮豔草莓
妳說妳捨不得吃掉這一種感覺

⇨這句歌詞是用（　　　　）來比喻（　　　　）。

④ 蕭亞軒 **後來的我們** 作詞：黃俊郎

回憶像慢慢遠離的車燈
我們都帶著悲傷的眼神
剩一個人　還能不能
唱出最溫暖的歌聲　誰愛得比較深

⇨這句歌詞是用（　　　　）來比喻（　　　　）。

二、主曲：閱讀繪本

今天，老師要教你從閱讀繪本中，學會觀察事物，並找出符合譬喻的圖畫及文字。

（一）繪本介紹

誰是安東尼布朗？

安東尼布朗是《我爸爸》這部繪本的作者，是英國很有名的插畫家，得過國際安徒生大獎。他的作品有自己獨特的風格，那就是圖畫裡每個小東西，都不只是表面看到的樣子，其實還有許多「暗號」藏在圖畫裡。小朋友可以一邊讀，一邊玩「找碴（ㄔㄚˊ）」遊戲，非常有趣喔！

在《我爸爸》這本書，安東尼布朗讓穿著爸爸睡袍的馬、魚、大猩猩和河馬，以小朋友式的超現實想像，呈現出爸爸在孩子心中的地位。

想想看，爸爸在你的心目中，是像什麼呢？

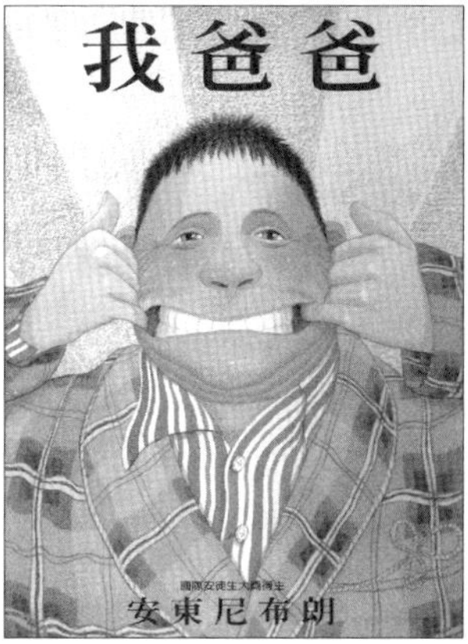

作者：安東尼布朗
譯者：黃鈺瑜
出版社：格林文化
出版日期：2001年07月13日

（二）引導觀察

這部繪本《我爸爸》，講一個小男孩對他爸爸的感覺，他用了很多奇妙的比喻來形容。

故事中，小男孩一開始就說：「這是我爸爸，他真的很酷！」是怎麼樣的「酷」呢？他說：「爸爸什麼都不怕，連大野狼都嚇不倒他。」作者畫了一隻大野狼向爸爸撲過去，可是爸爸表現出很有自信的樣子，完全不怕呢！野狼後面的樹木還躲了三隻小豬和小紅帽，為什麼呢？因為這些故事都有大野狼的角色啊！作者在這裡開了一個小玩笑。

小小問題 1

小男孩說：「爸爸什麼都不怕，連大野狼都嚇不倒他。」是用哪種修辭法？

（提示：這是不是很誇張呢？）

答案：是用（　　）法，因為（　　　　）

接著，小男孩告訴我們，爸爸有許多「特異功能」，可以跳過月亮、會走鋼索、敢和巨人摔角，而且輕輕鬆鬆就跑了第一名，贏了別人的爸爸，真的是一個很酷的爸爸！作者畫出爸爸跳過月亮、走鋼索、和巨人摔角、賽跑抵（ㄉㄧˇ）達終點的樣子，把想像力化成具體的圖畫，表現出來了。

小小問題 2

1. 爸爸可以跳過月亮，表示爸爸
（　　　　）
2. 爸爸會走鋼索，表示爸爸
（　　　　）
3. 爸爸敢和巨人摔角，表示爸爸
（　　　　）
4. 爸爸輕輕鬆鬆就跑了第一名，表示爸爸
（　　　　）

爸爸還像什麼呢？小男孩說爸爸吃得像馬一樣多，游泳像魚一樣靈活，又像猩猩一樣強壯，整天像河馬一樣笑咪咪的，爸爸和這些動物一樣厲害！作者將爸爸的頭畫成了馬、魚、猩猩和河馬的頭，來表示爸爸身上有這些動物的特質喔！

小小問題 3

1. 這一段是使用哪種修辭法呢？（　　）
2. 在你心目中，爸爸最像哪種動物？為什麼？（　　）

小男孩又說爸爸的身材非常高大，看起來像棟大房子，作者在爸爸的背後畫了一個和爸爸一樣比例的房子，造成錯覺，爸爸真的和房子一樣高！他又把爸爸畫成玩偶熊，表示爸爸的個性像玩偶熊一樣溫柔。爸爸的頭腦又像貓頭鷹一樣聰明，帶著博士帽，博學多聞，但有時候也會做點傻事。在圖畫裡面，他的頭一下子變成貓頭鷹，一下子又變成看起來笨笨的「刷子頭」髮型。

小小問題 4

1. 你覺得爸爸的身材像什麼？（　　）
2. 爸爸的個性像什麼？是很兇還是很溫柔？（　　）
3. 爸爸的頭腦又像什麼？（　　）

小男孩說，爸爸有時候是個舞蹈家，也是個歌手，踢足球的技巧也很棒，作者將足球場上的樹木畫得像各種球類，有棒球、橄（ㄍㄢˇ）欖（ㄌㄢˇ）球、足球和網球，好有趣！爸爸還常常逗小男孩笑，他衣服上的釦子也被畫成了笑臉呢！

最後，小男孩說：「我愛我爸爸。」你看，爸爸的衣服鈕扣又變成了太陽呢！這就是像太陽一樣溫暖的爸爸！小男孩父子開心地抱在一起，感覺好幸福喔！

小小問題 5

1. 你知道爸爸有哪些才藝？能不能列舉出來呢？

（　　）

2. 爸爸最喜歡穿哪種類型的衣服？是休閒服、牛仔褲，還是西裝畢挺？

（　　）

小小問題 6

算算看，小男孩總共使用哪幾個譬喻，來形容他的爸爸？

（　　）

除了爸爸，請幫家裡的每個成員，都找出適當的比喻，並要說明理由喔！

例 爸爸像：爸爸像一座大型的監視器，每天盯著我，看我有沒有做壞事。

1.媽媽像：

＿＿＿＿＿＿＿＿＿＿＿＿＿＿＿＿＿＿＿＿＿＿＿＿＿＿＿＿＿。

2.哥哥像：

＿＿＿＿＿＿＿＿＿＿＿＿＿＿＿＿＿＿＿＿＿＿＿＿＿＿＿＿＿。

3.姐姐像：

＿＿＿＿＿＿＿＿＿＿＿＿＿＿＿＿＿＿＿＿＿＿＿＿＿＿＿＿＿。

4.弟弟像：

＿＿＿＿＿＿＿＿＿＿＿＿＿＿＿＿＿＿＿＿＿＿＿＿＿＿＿＿＿。

5.妹妹像：

＿＿＿＿＿＿＿＿＿＿＿＿＿＿＿＿＿＿＿＿＿＿＿＿＿＿＿＿＿。

6.＿＿＿＿＿像：

＿＿＿＿＿＿＿＿＿＿＿＿＿＿＿＿＿＿＿＿＿＿＿＿＿＿＿＿＿。

7.＿＿＿＿＿像：

＿＿＿＿＿＿＿＿＿＿＿＿＿＿＿＿＿＿＿＿＿＿＿＿＿。

8.＿＿＿＿＿像：

＿＿＿＿＿＿＿＿＿＿＿＿＿＿＿＿＿＿＿＿＿＿＿＿＿。

三、尾聲：作文

題目：

我爸爸像……

說明：

今天的作文題目是「我爸爸像」。在作文前，你應該先問自己幾個和爸爸有關的問題，例如：爸爸的外表、個性、才藝、習慣和職業，全部都回想一遍，這樣才能寫出「活生生的」爸爸喔！

除了前面練習的問題以外，老師還要請你想三個重要的問題：第一，你的爸爸有沒有比同學的爸爸還厲害？是哪方面厲害呢？第二，你的爸爸是做什麼工作的？你對爸爸的工作了解多少？你看過爸爸工作的情況嗎？第三，爸爸和你的關係像什麼？你可以用譬喻法形容一下嗎？

等你找出這些問題的答案後，請你畫出心目中的爸爸，並為爸爸畫出髮型和五官，也可以為爸爸設計出適合他的造型。加油囉！

我爸爸的畫像

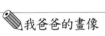

看著圖畫裡的爸爸，你會這樣說：

1.爸爸的眼睛就像＿＿＿＿＿＿＿＿＿＿一樣

＿＿＿＿＿＿＿＿＿＿＿＿＿＿＿＿＿＿＿＿＿＿＿＿＿＿＿＿。

2.他的嘴巴好似＿＿＿＿＿＿＿＿＿＿般的

＿＿＿＿＿＿＿＿＿＿＿＿＿＿＿＿＿＿＿＿＿＿＿＿＿＿＿＿。

3.他的頭髮造型有如＿＿＿＿＿＿＿＿＿＿那樣

＿＿＿＿＿＿＿＿＿＿＿＿＿＿＿＿＿＿＿＿＿＿＿＿＿＿＿＿。

4.他的鼻子形狀恰似＿＿＿＿＿＿＿＿＿＿般

＿＿＿＿＿＿＿＿＿＿＿＿＿＿＿＿＿＿＿＿＿＿＿＿＿＿＿＿。

5.他的眉毛猶如＿＿＿＿＿＿＿＿＿＿一般

＿＿＿＿＿＿＿＿＿＿＿＿＿＿＿＿＿＿＿＿＿＿＿＿＿＿＿＿。

範文示例：

我爸爸像

我爸爸像汽車的喇叭，生氣的時候，嘴巴會「ㄅㄨ……ㄅㄨ……」地發出聲音，但是卻沒有任何行動。因為爸爸是個好脾氣的人，就算我再怎麼調皮，他也只是頭上冒出許多煙，眼睛瞪得像牛一樣大而已。

我爸爸的身材像河馬一樣，胖胖的，很有分量。他的下巴像鵜（ㄊㄧˊ）鶘（ㄏㄨˊ）一樣寬，像可以捕魚似的，睡覺的時候會發出「呼嚕呼嚕」的聲音，吵得媽媽很生氣。有一次，媽媽偷偷錄下爸爸睡覺的聲音，再放給他聽，那聲音聽起來就像打雷，爸爸聽了，眼睛又瞪得像牛一樣大了。

我爸爸像我的好朋友，又像我的好兄

弟，我們常常一起出去打球，不然就是在家裡看球賽，打電動。爸爸像個博士一樣，我不會寫的數學題目，對他來講都很容易，一下子就幫我解決了！

我喜歡我的爸爸！

詩佳老師說作文

這篇文章中，一共用了「汽車的喇叭」、「牛」、「河馬」、「鵜鶘」、「博士」五個詞，來比喻爸爸的個性或身體，呈現熱鬧鮮活的氣氛，將譬喻法運用得很好，使爸爸和藹（ㄞˇ）的形象，在文字中表露無遺。此外，還使用到第三課學會的狀聲詞，讓文章更「有聲有色」。

作者寫到自己和爸爸之間的情感時，用了「好朋友」和「好兄弟」，是強調爸爸不威權的對待方式，和開明的教育方法，這樣，後面舉的例子就要貼近與「好朋友」和「好兄弟」相處時的情況，比較具有說服力。

「一起出去打球」、「在家裡看球賽，打電動」這兩件事，雖然已經具體說明爸爸像「好朋友」和「好兄弟」一樣，但是，其實還可以舉出更有說服力的例子，用實際的事件說明，例如：爸爸會尊重我某些不成熟的決定，或用對待大人的方式對我，就像同學等平輩的「態度」一樣，讓我提早學會獨立和思考。

舉例可以使文章內容更加豐富，不過所舉的例子，一定要和你想要表達的情意接近，才能使讀者產生共鳴喔！

參考答案

故事屋：

1. 惠施用有人說話不用比喻，而使人聽不懂的例子，比喻梁王如果不讓他用比喻，他就無法說明事理了。
2. 人說話時用比喻，才能使人對不熟悉的事物有所了解，聽懂我們所說的話。

小小練習2：

1.像、像　2.像是　3.好似　4.有如　5.彷彿

學習單：

1.漣漪，表情　2.老鼠愛大米，我愛你　3.鮮豔草莓，陽光
4.慢慢遠離的車燈，回憶

小小問題1：

1.誇大法

小小問題3：

1.譬喻法

小小問題6：

一共七個地方使用譬喻法：我爸爸吃得像馬一樣多、游泳時像魚一樣靈活、像大猩猩一樣壯、像笑咪咪的河馬、看起來像大房子、像泰迪熊一樣溫柔、像貓頭鷹一樣聰明。

第七課

擬人法

橡皮擦的心事

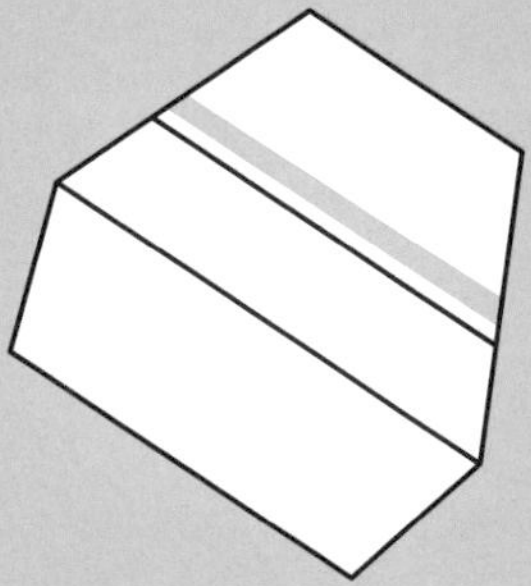

UNIT 7 擬人法 橡皮擦的心事

●故事屋

調皮的烏龜

有一個漁夫，時常要出海捕魚，就想在岸邊蓋一棟自己的房子，等他每次捕魚回來，能就近回到家裡休息。於是，漁夫每天到山上伐木，忍受日晒的痛苦，來回山上和岸邊多次，才把那些木頭全都搬到蓋房子的地點。

某天，漁夫搭好房屋的柱子，就回家休息了。誰知道，第二天清晨，漁夫再回到岸邊想繼續蓋房子的時候，卻發現所有搭好的柱子全部倒塌，零亂地散落一地。漁夫心想：「可能是我沒有釘牢的緣故。」於是他又重新搭起柱子，直到晚上才離開。

第三天，漁夫一早就來了，看到昨天搭好的柱子，不禁氣得暴跳如雷，因為那些柱子又全部倒在地上，情況和昨天一樣。漁夫簡直要氣瘋了，抓著頭髮大叫：「到底是誰搞的鬼？是男子漢的話，就出來吧！」但是沒有人回應。漁夫決心要抓出搗（ㄉㄠˇ）蛋的人，當晚便在工地找地方睡覺，等待那個搗蛋鬼出現。

很快的，天上出現了月亮，漸漸的，布滿了滿天的星斗。漁夫睡到深夜，忽然看到一團黑黑的物體，朝著房屋工地的方向走來，仔細一看，原來是隻大烏龜。那隻烏龜慢吞吞地爬著，只見牠爬到柱子前，將頭用力一頂，柱子就「轟隆」應聲倒地，撞壞了漁夫第三次辛苦搭建的柱子。

漁夫跳出來罵烏龜：「你為什麼要破壞我的房子？」說著便拿起身邊的斧頭，用力砍烏龜，可是烏龜卻毫髮無傷，牠笑著說：「用這種生鏽（ㄒㄧㄡˋ）的斧頭，還想殺我？」漁夫聽了更氣，就把烏龜抓起來，扔到火裡面，可是因為烏龜的殼很硬，火被龜殼一壓即熄滅了。烏龜哈哈大笑地說：「我不怕刀，也不怕火，你連我最怕水都不知道，還想制服我，真的是太笨了！」

漁夫被烏龜的話一激，隨即把烏龜舉起來，雙臂奮力朝著大海一擲，只聽見烏龜發出「嘶嘶（ㄙ）」的聲音，十分得意地游走了。

小朋友，讀完這個小故事，請問：

1.在這個故事裡，烏龜是用什麼方法救了自己？

2.哪些地方使用到擬人法？

一、前奏：認識擬人法

擬人法，就是將不是人類的東西，或動物、植物，加上人的特徵，讓單調的事物變得有趣動人。它可以使一支鉛筆有人的思想感情，有朋友、家人，甚至有住的房子，也可以讓月亮和星星在夜晚聊天。

有的小朋友寫：「大海被炎熱的陽光燙著了，嘩嘩（ㄏㄨㄚ）地哭著，身體不停地扭動，掀起滔天巨浪。」把浪的聲音形容成哭聲，說海浪的形成，是因為大海不停扭動的緣故，十分有趣！

如果小朋友在作文時使用擬人法，就能使文章變得幽默、有趣，不過這種修辭法比較適合用在記敘文、抒情文以及童詩，不適合用在論說文等需要議論、說明的文章中喔！

擬人的祕訣1

在我們將事物擬人以前，要先找出這些事物的特點，再把這些特點和人的思想行為聯想一起。例如，電風扇的特點是會左右吹動，很像人的頭左右轉動的樣子，還有當蚊子飛來叮人的時候，就像人的脾氣凶悍一樣，毫不留情。按照這個步驟去擬人，就能造出很好的句子。

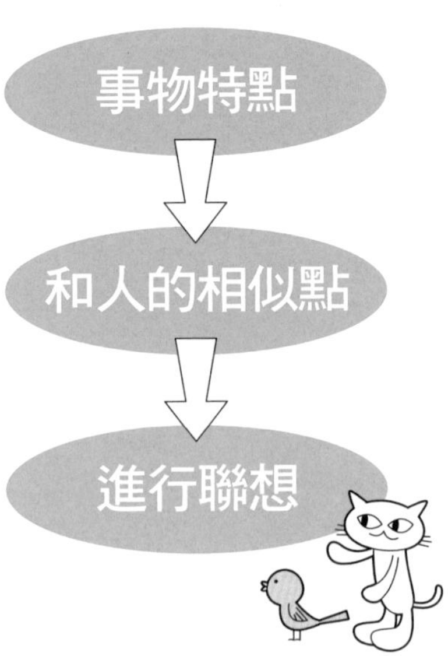

以下事物和人類相像的地方在哪裡？請用擬人法造句。

例 刺蝟：
什麼地方像人類？全身帶刺，很難親近。
造句：刺蝟的心眼很小，全身都帶著刺，讓人很難親近。

1.電風扇：
什麼地方像人類？＿＿＿＿＿＿＿＿＿＿＿＿。
造句：＿＿＿＿＿＿＿＿＿＿＿＿。

2.蚊子：
什麼地方像人類？＿＿＿＿＿＿＿＿＿＿＿＿。
造句：＿＿＿＿＿＿＿＿＿＿＿＿。

3.公雞：
什麼地方像人類？＿＿＿＿＿＿＿＿＿＿＿＿。
造句：＿＿＿＿＿＿＿＿＿＿＿＿。

擬人的祕訣2

除了找出事物的特點，你也可以直接為事物加上人的喜、怒、哀、樂，例如周伯陽的〈小蝗蟲〉：「水田裡開始割稻，小蝗蟲怕得東飛西跳，跳進我家裡來，又不知如何是好。」詩中就直接為小蝗蟲加上「怕」的情緒，和「不知如何是好」的慌張，就是很生動的文字了，是不是很簡單呢？

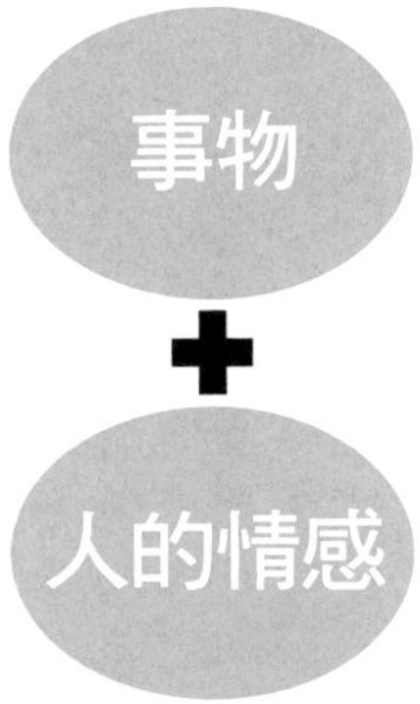

小小練習 exercise

請幫以下的事物，加上人類的情感吧！

詞語提示　生氣　傷心　高興　寂寞

1.親愛的兵馬俑(ㄩㄥˇ)，你在陰暗的古墓，立了千年，會不會覺得＿＿＿＿＿呢？

2.我拿著扇子打蚊子，蚊子＿＿＿＿＿了，就開始追著我跑。

3.雲兒被雷吼了一頓，就＿＿＿＿＿地哭起來，淚水積成一片汪洋。

4.蜜蜂看到花開了，就＿＿＿＿＿地飛過去，親吻著花。

擬人的祕訣3

為事物加上人類的稱呼，也是擬人的一種方法喔！例如：「春姑娘滿臉笑容地走來了，可是冬婆婆連看也不看她一眼，像在忌妒她的年輕。」例子裡的「姑娘」、「婆婆」，還有像「龜爺爺，走得慢」、「風媽媽擁抱大地小孩」、「太陽公公把黑夜趕走了」、「月娘發出溫柔的光」等，都是人們把慣用的稱呼，使用在非人類的事物上，把事物給擬人化了。

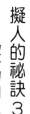

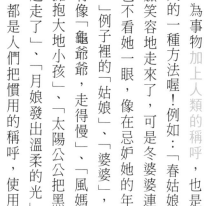

請你為下面各組事物，取個互相搭配的稱呼吧！

提示 要先弄清楚兩個事物之間的關係。

例 春姑娘與冬婆婆

1.雷　　　　　　　　與電

2.月亮　　　　　　　與星星

3.桌子　　　　　　　與椅子

4.黑　　　　　　　　與白

5.板擦　　　　　　　與粉筆

擬物法

擬物法和擬人法相反，是把人當成「物」來描寫，例如：「媽媽很有愛心，總是燃燒自己，照亮別人。」用蠟燭的燃燒形容媽媽的愛心，又如：「我們兩人的友情，一直不斷地加溫，不會因為認識得久，而對彼此厭煩。」用水的加溫形容友情。再如：「巷口的不良少年被阿嬤一吼，就夾著尾巴逃跑了。」利用狗夾尾巴的特性，來形容不良少年逃跑的樣子，十分傳神。

小朋友能夠分辨擬人和擬物的不同嗎？

下面有四個句子，哪個是擬人？哪個是擬物呢？

1.這首歌，將我的心門打開了。 →擬（　　）

2.雨，寂寞地下著，讓大地滿是淚痕（ㄏㄣˊ）。 →擬（　　）

3.張開我夢想的翅膀。 →擬（　　）

4.路燈整晚站著，看顧夜歸的行人。 →擬（　　）

5.影子也跟著我在街上散步。 →擬（　　）

詩歌與擬人

如果小朋友能運用想像力，周圍的一切都可以是有生命的，會哭，也會笑。許多詩歌常用這種方式來寫作，如「風是個壞脾氣的小孩」，或「雲只想流浪」等。

詩人楊喚的〈夏夜〉說：「只有綠色的小河還醒著，低聲地歌唱著溜過彎彎的小橋。」即使是一條小河，也會睡、會醒、會唱歌，就像童話故事，帶給你夢幻的感覺。

請把下面的題目，變成擬人的句子：

例 蜜蜂採蜜：蜜蜂熱情地親吻花兒，花兒便害羞地低下了頭。

1.春天到，花就開了：

____。

2.風吹倒大樹：

____。

3.螞蟻搬運食物：

____。

4.雨打在屋頂：

____。

5.貓咪躺在地上：

____。

童話與擬人

小朋友有沒有發現，許多童話故事，都是用擬人法寫成的喔！例如「三隻小豬」裡面的豬兄弟，每個都會蓋房子，而「小紅帽」裡面的大野狼，不但會說話，還會假扮成小紅帽的外婆去騙人。

「七隻小羊」中，當七隻小羊知道野狼來了，就到處躲藏，有的躲在床底下，有的躲在時鐘裡面，有的躲在桌子下面，結果被野狼一一地找出來吃掉，最後一隻小羊躲得很好，沒有被狼發現，等牠逃出去以後，還跟羊媽媽訴苦呢！

這些童話的動物或植物，都像人一樣，具有思想情感和行動能力，都是使用擬人法來寫作的。

你還能想到其他使用擬人的童話或卡通嗎？

1.童話
故事名稱：＿＿＿＿＿＿＿＿＿＿＿＿＿＿＿＿。
擬人的部分有：

＿＿＿＿＿＿＿＿＿＿＿＿＿＿＿＿＿＿＿＿＿＿＿＿＿＿＿＿＿。

2.漫畫
書籍名稱：＿＿＿＿＿＿＿＿＿＿＿＿＿＿＿＿。
擬人的部分有：

＿＿＿＿＿＿＿＿＿＿＿＿＿＿＿＿＿＿＿＿＿＿＿＿＿＿＿＿＿。

3.卡通
影片名稱：＿＿＿＿＿＿＿＿＿＿＿＿＿＿＿＿。
擬人的部分有：

＿＿＿＿＿＿＿＿＿＿＿＿＿＿＿＿＿＿＿＿＿＿＿＿＿＿＿＿＿。

現在，來作個練習！

下面的學習單有一些句子，每個句子裡面，都躲了幾個擬人修辭，請你一個一個找出來。加油！

學習單

擬人修辭在哪裡？

小朋友，下面有一些句子，每個句子裡面都躲了幾個擬人修辭喔！請你一個一個地找出來，然後把它們填寫在右邊的括弧裡。

1. 風兒頑皮地把人們的帽子打下來。——（　　　　）
2. 螢火蟲拿著手電筒，在黑暗中找到回家的路。——（　　　　）
3. 蘋果害羞地紅著臉蛋。——（　　　　）
4. 雲是個很有天分的畫家，為天空畫上美麗的色彩。——（　　　　）
5. 烏龜對兔子說：「我們又不趕時間，跑那麼快做什麼呢？」——（　　　　）
6. 春姑娘為大地披上一件翠綠色的新衣。——（　　　　）
7. 海浪溫柔地輕撫著沙灘。——（　　　　）
8. 螢火蟲提著燈籠，幫夜歸的人找回家的路。——（　　　　）
9. 雪融了，小草就偷偷地從地底下鑽出來了。（　　　　）
10. 花兒看到強風吹來，就嚇得掉了滿地的花瓣。——（　　　　）

二、主曲：我們都是文具用品！

（一）角色扮演

文具用品是生活中不能缺少的東西。當你讀書時，要使用鉛筆寫字，寫錯字了，就要拿出橡皮擦把錯字擦掉，或用立可白塗掉；當你上課時，會用直尺畫下課文的重點，有時還會用五顏六色的螢光筆，在課文中作記號。

現在，請你把鉛筆盒打開，算一算，裡面有多少種文具用品呢？

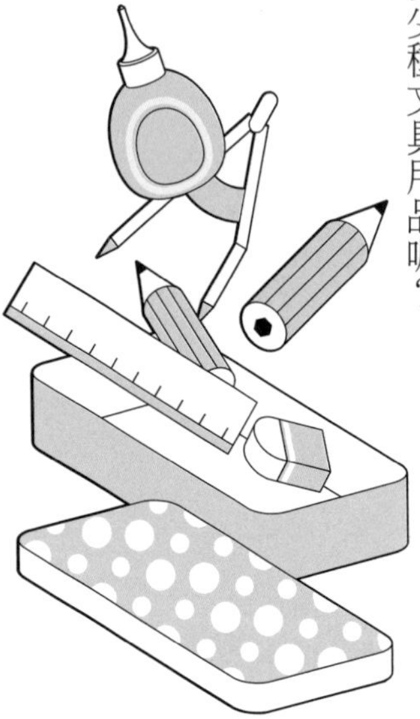

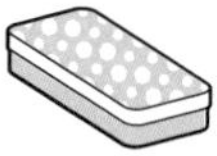

我的鉛筆盒裡面總共有（　　）種文具用品，它們分別是：

今天，我們要玩的是角色扮演遊戲，對象是鉛筆和橡皮擦。請你回答下面的問題，然後把你要扮演的文具角色畫出來：

我最想扮演的是鉛筆還是橡皮擦？（　　）

我扮演的文具，是男生還是女生呢？（　　）

我可以把它畫出來：

文具的畫像

（二）幻想時間

小朋友，請你想像一下自己是文具用品，然後回答下面的問題。

1.如果你是文具，你會住在哪裡呢？

______________________________。

2.你有沒有兄弟姐妹呢？

______________________________。

如果你選的是「鉛筆」，請回答下面的問題：

1.當你被削鉛筆機削尖時，會覺得怎樣？

______________________________。

2.你身上最重要的是哪一部分？

______________________________。

3.你走過的地方一定會留下什麼呢？

______________________________。

4.身為一支鉛筆，你的身高會一天比一天怎樣？

______________________________。

5.如果主人不用你，會是因為什麼原因呢？

______________________________。

6.你和橡皮擦的關係是怎樣？

______________________________。

7.像你當鉛筆的，對主人有什麼幫助呢？

______________________________。

如果你選的是「橡皮擦」，請回答下面的問題：

1.你有哪些形狀呢？可以列舉出來嗎？

______________________________。

2.你當橡皮擦的，會時常製造什麼出來呢？

______________________________。

3.橡皮擦屑很像我們人的什麼呢？

______________________________。

4.如果你被用到剩下一小塊，會有什麼遭遇呢？

______________________________。

5.被主人丟掉時，你會難過吧？有沒有什麼方法可以不被丟掉呢？

______________________________。

6.你和鉛筆的關係是怎樣？

______________________________。

7.你對主人有什麼幫助呢？

______________________________。

三、尾聲：作文

題目：

橡皮擦的心事

說明：

「橡皮擦的心事」被很多老師拿來出題過，小朋友通常會寫：「每天，我都和橡皮擦、圓規、原子筆住在一起。主人天天把我削得尖尖的，保持整潔、乾淨，還將我們裝進鉛筆盒裡，真是謝謝你。」描寫十分單調，如果我們能使用本課學到的擬人法，再加上角色扮演，把自己想成文具用品，就會生動許多。

詩人楊喚寫的童詩〈給你寫

一封信〉，就是以鉛筆的角度，寫對主人說的話。鉛筆的主人是個不愛寫作業的小孩，所以很少使用鉛筆和教科書，鉛筆就這麼說了：「教科書在想著你，筆記本在想著你，我和刀片和橡皮不舒服地躺在文具盒裡，也在想著你，想著你呀！」是不是很有趣？

以前的你，可能也是用很單調的方式寫作文，但是今天學會了擬人法，就請你利用擬人法，和剛剛作過的角色扮演練習，來寫一篇生動的「橡皮擦的心事」。

範文示例：

橡皮擦的心事

親愛的主人，我希望你能夠好好地對待我，不要再拿鉛筆在我身上刺青，或是拿小刀割我了，因為這麼做會讓我很痛，而且也會破壞我的美麗。也不要把我身上包的那張包裝紙撕掉，那可是我的衣服呢！沒有穿衣服真的很冷。請主人要愛惜我喔！

主人，我偷偷地告訴你，圓規常常趁你不注意的時候，用他長長的腳踢我，還把我的身體戳（ㄔㄨㄛ）出很多個洞，立可白也非常不禮貌，每次和大家吵架，就吐出白色的口水。你不在家的時候，每個文具用品都很不乖，只有我靜靜地躺在鉛筆盒裡。

我也希望主人不要常常使用我，因為如果你一直用我，我的身體就會變得越來越小，當我小到讓你沒辦法拿著我擦東西時，可能就會被你丟掉，而且你從此以後就再也不理我了。

我知道，總有一天，我會離開你的身邊，但我還是希望主人能夠實現我的願望，將我放在書桌上觀賞就好，這樣我才不會太早離開你，可以永遠陪伴著你。

詩佳老師說作文

這篇文章寫得很好，小朋友用擬人的手法，想像自己是一塊小小的橡皮擦，向主人傾訴哀愁的心聲。

文中有很多傳神的描寫，例如，小朋友總是喜歡調皮地拿鉛筆刺橡皮擦，或用原子筆在橡皮擦上畫圖，這個舉動在文中被比擬成「刺青」，而將橡皮擦外面的包裝紙比喻成「衣服」，還強調沒穿衣服「真的很冷」，是把橡皮擦擬人化了，就像個有血有肉、有感受的人一樣。

圓規有長長的腳，立可白會吐口水，一個小鉛筆盒裡的文具，就像一個早已失和吵鬧不休的家庭，又像來自四面八方，卻被迫住在一起的惡房客，大家心裡各懷鬼胎，就像人類的生活一樣。

橡皮擦在這裡表現出脆弱的一面，他不像其他文具那麼調皮，而是禁不起折磨，稍有折損，或是被使用多次，他的體型就會越來越小，最後面臨被丟棄的命運。

雖然知道自己最後的命運是離開主人，但小小橡皮擦還是忍不住，要對主人傾吐自己的願望，這願望的內容充滿無奈感傷，是十分動人的小小橡皮擦的真情告白！

參考答案

故事屋：

1.烏龜用激將法騙漁夫，讓漁夫把牠丟到海裡，烏龜不怕水，就游走了。
2.烏龜像人一樣會說話，會笑，會騙人。

小小練習2：

1.寂寞　2.生氣　3.傷心　4.高興

小小練習4：

1.物　2.人　3.物　4.人　5.人

學習單：

1.頑皮、打
2.拿著手電筒
3.害羞、紅著臉蛋
4.畫家、畫上
5.烏龜對兔子說
6.春姑娘、披上
7.溫柔、輕撫
8.提著燈籠
9.偷偷、鑽
10.看、嚇

第八課

建立結構概念

海邊露營記

UNIT 8 建立結構概念 海邊露營記

●故事屋

以利亞和沙庫拉斯

以利亞和沙庫拉斯是一對好朋友，他們住在靠海的城鎮，總是一起出現，一起搭船，去其他的城市作些小買賣。不過，沙庫拉斯是個打扮帥氣的小夥子，以利亞的穿著則很邋（ㄌㄚˊ）遢（˙ㄊㄚ），所以客人總是不太重視他。

當兩人超過二十歲時，有一次過河，以利亞舀（ㄧㄠˇ）起河水洗澡，身上的污垢一落地，就變成芬芳的蘭花；而沙庫拉斯洗出來的污垢，卻成了糞便，臭氣四溢，每個人聞到就想逃。以後都是如此，人們因此慢慢地喜歡上以利亞。

這種情形逐漸引起沙庫拉斯的不滿。

有一次，沙庫拉斯約以利亞去山上打獵，卻在前一天晚上，在必經之地挖了一個洞，等以利亞走過時，趁他不注意，忽然從後面把他推入坑裡，然後壓上又大又重的石頭，讓以利亞沒辦法逃出來。

以利亞只好拚命地叫著：「救命啊！快點放我出去！」可是很少人從這裡經過，而經過的樵夫，也只當作是「呼呼」的風聲，或是樹葉被吹拂（ㄈㄨˊ）的「沙沙」聲而已。以利亞無計可施，只好不斷叫著，希望有人發現他。他被關在坑（ㄎㄥ）裡，又急又熱，流了一身的汗，汗味變成絲絲的蘭花香，從石頭的縫隙（ㄒㄧˋ）鑽出來，被風送到好遠好遠的地方。

遠處的蜜蜂聞到花香，全部飛到以利亞被壓著的地方，但是牠們的翅膀太小，沒有辦法救出他。於是蜜蜂長老去老鼠窩，找來一大群老鼠，老鼠們努力地挖開石頭旁的泥土，讓石頭變得鬆動。

終於，以利亞順利地爬出來，重見天日。

以利亞重獲了自由，但他對沙庫拉斯的行為感到非常失望，他心想：「該是我離開的時候了。」從此，再也沒有人見到他，人們也逐漸淡忘蘭花的香氣。至於沙庫拉斯，雖然打扮得光鮮亮麗，但當他洗澡時，身上的污垢還是變成糞便，而且臭味更甚已往了呢！

小朋友，讀完這個小故事，請問：

1.在這個故事裡，總共使用到哪些狀聲詞？

2.描寫氣味的句子有哪些？

一、前奏：認識文章結構

分段的重要

作文一定要分段，一篇沒有分段的文章，會讓人讀起來非常吃力。

分段的好處就是可以使文章內容表達得更清楚，不會讓人誤解或看不懂，如果作文能夠段落分明，內容就更有層次和條理次序。

國中學力基本測驗對作文的分段結構，有清楚的標準：一級分——作文沒有明顯的文章結構，或只有一段，不能辨認出結構。二級分——作文只有一段，但可區分出結構。三級分——文章結構鬆散，且前後不連貫。四級分——文章結構有點鬆散，或偶有內容不連貫的地方。最高分的六級分文章，不但結構完整，段落分明，而且內容前後連貫，並能運用適當的連接詞連貫全文。

所以，作文分段對得高分是很重要的喔！

這是一篇沒有分段的二級分作文，請你試著分成三段。

〈一份特別的禮物〉
每個人在一生中，也許會收到令自己印象深刻的禮物，我自己也曾收過一件特別的禮物。有一次，一個對我很好的朋友，送了我這件禮物，當我打開一看，是個漂亮的相框，裡面還放一張我和朋友的合照。我非常開心，雖然這不是很昂貴的物品，但讓我感受到朋友的心意，而且這是我收到的第一件禮物。我覺得這份禮物之所以特別，不是在於它的價錢，而是代表著好友的愛心，以及我們不變的友誼。

分段

第一段：

。

第二段：

。

第三段：

。

各段的比例

作文要分段，才會讓讀者看了感到舒服。

小朋友聽過「黃金比例」嗎？黃金比例是最佳的比例，在視覺上給人一種舒服的感覺，因為這種比例很美，古代希臘人就把它用在建築、美術、雕塑當中。現代科學家發現，自然界的動植物也含有黃金比例呢！難怪這是個美麗的世界。

此外，我們的身材如果越接近黃金比例，就越接近完美的身材喔！目前世上最接近黃金比例的女人，是美國名模辛蒂・克勞馥（ㄈㄨˋ）。

下圖是符合黃金比例的直線：

一條直線分成兩段，兩段的比例不同，但看了不會有壓力，而且越看越舒服。

作文分段也要區分比例，如果每段的行數都一樣，看起來就會很沈重，如果作比例上的分配，看起來就很舒服，如圖：

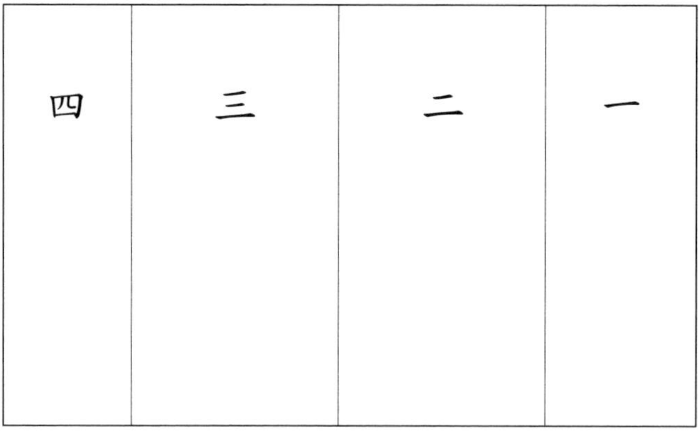

作文第一段是開頭，負責帶出下面各段；第二段和第三段是全篇最精采、最重要的部分，所以要多寫一些，內容要豐富；第四段是作文的結尾，通常寫自己的感想，或對事情的看法、心情等等，分量和第一段差不多。

小朋友一開始學作文，可先從三段開始寫，把上圖的二、三合併成一段，等功力進步了，就可以寫成四段，直到你的程度更上一層樓，就可以視內容的需要，分成許多段落。

請從A、B、C選出最符合黃金比例的形狀：

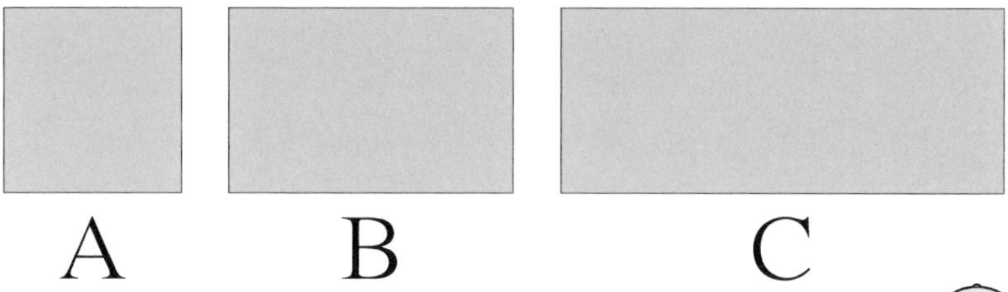

答案：

分段的原則

分段時，有一些原則可以遵循，小朋友跟著做，就能掌握分段的技巧。

每一段要有一個中心思想，各段的中心思想，最好用一、兩句表達出來，把段落的重點說出來，就不至於說到別的地方去。

段落的長短不受限制，文章長，段落就長；文章短的，段落就短。整篇文章的段落不要太多，以免文章內容散漫不集中。

每段之間要互相聯繫（ㄒㄧˋ），就像火車每節車廂密切聯繫一樣。小朋友剛學寫作，最好先寫好大綱，作文時就能把握各段的重點。

分段的寫法，是在每段的第一行低兩格寫，見下圖：

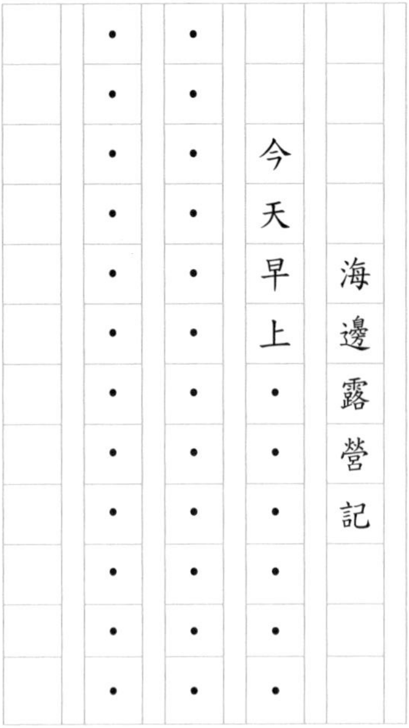

起、承、轉、合

一篇作文是由好幾個「段落」組成的，小朋友學寫作，要了解什麼是「起、承、轉、合」，學會把作文分成四段來寫，熟悉之後，就能按照內容的需要，把文章分成好幾段了。我們用「灰姑娘」的故事來說明：

「起」是故事的開頭。

如果講灰姑娘的故事，說故事的人，要在

這裡先介紹灰姑娘的家庭背景。灰姑娘原本過著幸福的生活，後來爸爸娶了後母，開始受到後母和姐姐的虐（ㄋㄩㄝˋ）待，做著僕人的工作，過著悲慘的生活。

「承」就是進一步發展故事。

某天，王子選新娘，辦了一個舞會，歡迎全國的少女來參加。灰姑娘也想去，但是後母和姐姐卻不答應，甚至把她關起來。你會想，灰姑娘要怎麼脫困？應該怎麼解決問題呢？有沒有人會來救她？在這裡就進入「轉」。

「轉」是故事最精采的地方，也就是「高潮」。

灰姑娘被關起來，仙女和動物們出現，幫助她逃跑，還幫她打扮得非常美麗和王子跳舞。但是當鐘響了十二下，灰姑娘趕著回家時，卻掉了一只玻璃鞋，王子便拿著鞋子拚命找她。「轉」的部分最精采，內容最豐富，大家會想，結果到底是怎樣呢？他們倆會不會在一起？有一種期待的感覺。

最後是「合」，就是文章的「結尾」。

經過一些阻礙（ㄞˋ），王子終於找到灰姑娘，兩人愉快地生活在一起，後母和姐姐也受到處罰了。

起、承、轉、合就是作文的一、二、三、四段，童話故事可以分成這樣的結構，你也可以這樣把作文分成四段。

下面是童話〈醜小鴨〉的故事大意，請你幫它分段。

起	承	轉	合

1.醜小鴨的哥哥、姐姐因為牠長得醜，都很排斥牠。這使得醜小鴨的內心，難過得不得了，忍不住逃離這個讓牠傷心的家。

這一段是(　　　　)。

2.溫暖的春天來臨，醜小鴨揮了揮翅膀，居然飛了起來。牠鼓起勇氣，朝著美麗的天鵝游去，牠看到自己在水中的倒影，那是隻潔白高貴的天鵝！小天鵝終於找到自己的家。

這一段是(　　　　)。

3.醜小鴨走了好久好久，來到一條河邊，看到好幾隻天鵝在河裡游來游去，牠也學著做。可是，當醜小鴨接近天鵝們時，牠們卻游走了，讓醜小鴨非常傷心。

這一段是(　　　　)。

4.有一天，鴨媽媽下了好幾顆蛋，其中有一顆蛋的顏色，和其他的不一樣。等到那顆蛋孵(ㄈㄨ)化後，生出來的鴨子也和別的不同，長得又大又醜。

這一段是(　　　　)。

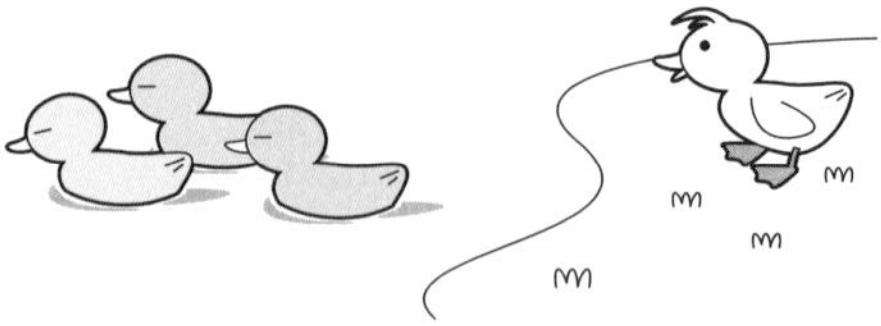

學習單

看圖段落寫作

小朋友，請根據圖畫的提示，寫一段文字來描寫圖片的情節，每一張圖片，只要寫一到兩句話就可以。加油！

題目一

1. ______
2. ______
3. ______

題目二

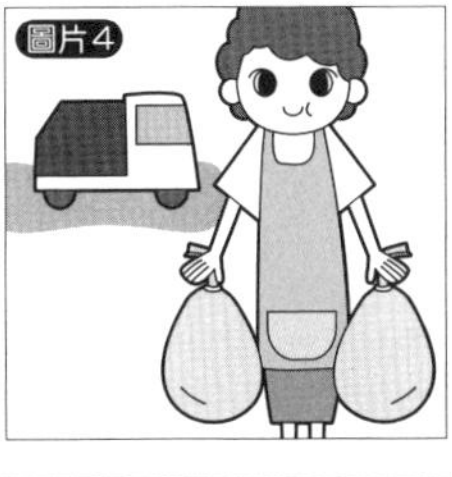

1. ______
2. ______
3. ______
4. ______

二、主曲：組合圖畫，說故事

看圖說故事是很有趣的遊戲，用四到五張圖畫，來代表起、承、轉、合，有看四格漫畫的感覺。

你可以幫圖畫裡的人，想一些對話、表情和動作，並用圖畫想出有趣的情節，然後寫成小故事。

看圖學分段

下面有四張圖畫，每幅圖畫會有一些提示，請根據這些提示，和自己觀察圖畫的內容，編出一個小故事。

請觀察圖畫內容，並寫成四段文字，內容要和交通安全有關喔！

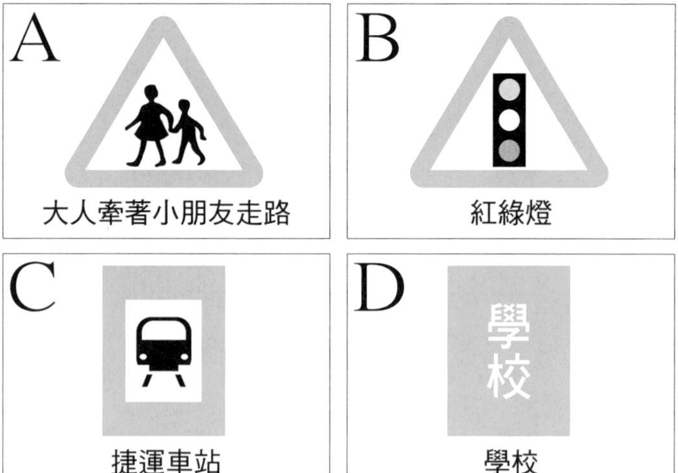

我認為圖畫的順序是：

→ → → 。

看圖編故事：

第一段：

。

第二段：

。

第三段：

。

第四段：

。

海邊露營記

做完學習單和小小練習，你已經知道一個段落要怎麼寫了。現在，再看看下面這四幅圖畫，按步驟想一想該怎樣重新組合，把圖畫編成一個有趣的故事！

(一)問題引導

1. 從圖 1 想一想：

a. 圖畫有哪些人物？

______________________________。

b. 人物的名字分別是？

______________________________。

c. 人物彼此的關係是什麼？

______________________________。

d. 天氣是怎樣呢？

______________________________。

2. 從圖 2 想一想：

a. 露營的地點應該是在哪裡？

______________________________。

b. 圖片出現哪些東西？

______________________________。

c. 圖畫的時間，可能在什麼時候？

______________________________。

d. 天氣是怎樣呢？

______________________________。

3. 從圖 3 想一想：

a. 圖畫的時間，可能在什麼時候？

______________________________。

b.畫中的人物躲在哪裡？

____。

c.天氣是怎樣呢？

____。

d.人物的心情如何？

____。

4.從圖4想一想：

a.你覺得這些人會怎麼做？

____。

b.故事的結果是如何呢？

____。

（二）利用故事單，寫出圖片中的人、事、時、地、物

故事單	
人物	參加露營的成員有：
事件	露營過程發生了什麼事？
時間	在什麼時間出發、抵達營地、回家？

地點	露營的地點在哪裡？風景是怎樣？
物品	去露營帶了哪些東西？

（三）排出圖片的順序

我覺得圖片的順序應該是：

→ → → 。

三、尾聲：作文

題目：

海邊露營記

說明：

「露營記」是學校老師們常出的作文題目，小朋友可以寫下旅途中所見的景觀，沿途的所見所聞，或在車上發生的事情，也可以寫抵達目的地後，你們如何合力搭起帳棚，在海邊玩了哪些遊戲和活動，是玩沙、衝浪、堆城堡、游泳、聽音樂、打球還是烤肉？

你的露營是在什麼時候結束的？在什麼情況下結束的呢？是因為玩得十分盡興，時間到了才回家的，還是因為天氣變化，使得整個露營活動不得不停止，大家只好敗興而歸？

請你回憶一下從小到大的露營經驗，用剛

才看過的四張圖片，以及填寫好的「故事單」，寫出露營的經過和自己的心得感想。你可以按照時間順序，從出發寫到返家，也可以重點式的寫出露營發生的事。加油喔！

範文示例：

海邊露營記

今天早上，爸爸載我們全家去海邊露營。太陽高高地掛在天上，發出火紅的光芒，我心想，在這種天氣出門，一定可以玩得很開心，而且爸爸在出門前，還特地看過電視的氣象預報，說今天的天氣非常適合出遊喔！

到了露營的海邊，已經過中午了。我們把行李和露營用具放好，媽媽把毛巾鋪在沙灘上，躺著作日光浴；哥哥拿出他的收音機，聽著吵鬧的音樂；爸爸和我跑到海裡游泳。海邊的太陽看起來比平常還要大、還要熱，我們高興地在水裡玩，爸爸開心地說：「電視台的氣象播報，實在太準了！」

傍晚，爸爸媽媽開始搭帳棚。我們沒有搭過帳棚，爸爸和哥哥看了說明書，又討論好久，好不容易才把帳棚搭好。天色暗了，大家趕快把睡袋搬進帳棚裡，但就在這時候，竟然下起大雨！我們只好趕快把東西搬回車上，開車趕回家。

到家時，已經很晚了，爸爸打開電視看氣象報告，播報員說：「晚上海邊雖然下了一場雨，但是只下了幾分鐘，希望遊客的心情不會受到影響。」爸爸生氣地說：

「電視台的氣象預報，根本就不準嘛！」

我想，不管怎樣，我們還是過了愉快的下午，我以後一定還要再去海邊露營！

詩佳老師說作文

「起、承、轉、合」是作文基本的分段原則。

以這篇文章為例，「起」說出「海邊露營」的起因、動機和事由。

「承」，則是承接「起」（第一段）的文章，牽引出到了目的地之後的活動。本文中到了露營的海邊以後，哥哥「聽著吵鬧的音樂」，「爸爸和我跑到海裡游泳」。

所謂「轉」，是承接第二段的發展，但產生變化。轉，就是轉變。在「海邊露營」這篇文章中，原本高高興興地出門，作了萬全的準備，卻還是遇上下雨，只好敗興而歸，這就是一種精采的「轉」的表現方式。因為突發的意外，與前文產生強烈的心理落差，還以爸爸的生氣強調「電視台的氣象預報，根本就不準嘛！」來強化「轉」的急轉直下。

「合」是總和前面的文章，下一個結論。結論沒有特定的方向，只要順著前文發展，都可以成立。例如本文的最後一段，是用樂觀、開心的語氣作結語，表現了全家去露營的愉快心情，即使下雨破壞計畫，還是值得回憶的，並且期待下一次的露營。

我們也可以嘗試用「無奈（ㄋㄞˋ）的、略帶哀愁的口吻」作結論，例如，「因為下雨，破壞了我的露營計畫，真掃興。」表現內心的失落感，「海邊露營」就成了一次不完美的記憶。

本文段落分明，行文井然有序，稱得上佳作。

參考答案

故事屋：
1.呼呼、沙沙。
2.芬芳的蘭花。糞便臭氣四溢。汗味變成絲絲的蘭花香。

小小練習1：
第一段：每個人在一生中，也許會收到令自己印象深刻的禮物，我自己也曾收過一件特別的禮物。
第二段：有一次，一個對我很好的朋友，送了我這件禮物，當我打開一看，是個漂亮的相框，裡面還放一張我和朋友的合照。我非常開心，雖然這不是很昂貴的物品，但讓我感受到朋友的心意，而且這是我收到的第一件禮物。
第三段：我覺得這份禮物之所以特別，不是在於它的價錢，而是代表著好友的愛心，以及我們不變的友誼。

小小練習2：
B

小小練習3
1.承　2.合　3.轉　4.起

學習單參考：
題目一
1.一大早，小女孩背著書包上學去，
2.走到一半，天上突然閃電打雷，開始下起大雨來，
3.害小女孩的全身都溼透了。
題目二
1.過年到了，家家戶戶的門上都貼著春聯。
2.媽媽拿著掃把打掃庭院的落葉，
3.接著開始洗全家人的衣服，
4.最後媽媽才把垃圾包起來拿去丟掉。

第九課

記敘文
教室的旅行

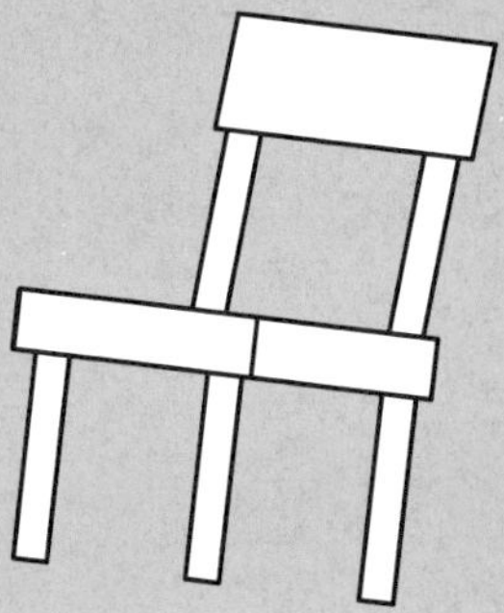

UNIT 9 記敘文 教室的旅行

● 故事屋

少女的旅行

古時候，有個可愛的少女，常常看著遠方發呆，想著：天的邊界有什麼東西？天上和地下的世界究竟有什麼不同？為了弄清楚這些問題，她便獨自一個從故鄉出發，想找到世界的盡頭。

她向南方走了好久好久，終於走到天與地的交界。那裡有一道美麗的瀑布，水流自寬闊（ㄎㄨㄛˋ）的河谷飛奔而下，猶（ㄧㄡˊ）如水簾（ㄌㄧㄢˊ）般雪白。

少女高興得伸手進去玩水，忽然「咻」地一聲，整個人竟然被瀑布吸進去，順著瀑布升上天去了。

轉眼之間，少女來到天上。她好奇地四處張望，只見到處都是白色的大房子，有人悠閒地散步，有人則在田裡耕作。可是，那些農夫種田的方式很奇怪，只見他們拿一根樹枝，在樹枝末端綁根繩子，然後拿著掃地，所有掃過的地方，草木都飛走了，瞬（ㄕㄨㄣˋ）間變成田地。農夫又取出兩、三粒種子丟向田地，種子一落地，瞬間就長成一大片青苗，不出數月就可以成熟而收割。

少女看了，感到十分驚奇，才發現天上人與下界人的區別：天上人不必勞動就可以得到很多，下界人辛苦工作，收穫卻很少。她往上看看「天空」，發現天上的上面已經沒有天空了。於是少女繼續往前行走，不久就走到邊際，又順著瀑布回到了地上。

出發時，她是個可愛的少女，但回到人間時，卻已是個美麗的姑娘了。

她看見瀑布如同白絹（ㄐㄩㄢˋ）緩緩鋪瀉，瀑布底下匯（ㄏㄨㄟˋ）聚成碧綠水潭，清澈見底。這瀑布下方的深潭，水氣瀰（ㄇㄧˊ）漫不散，一經陽光折射，就形成美麗的彩虹拱橋。美麗的姑娘踏著彩虹橋，慢慢地往下走去，沒多久就來到地底世界。

少女觀察地底四周的情形，才發現當地沒有太陽，只有如月光般柔和的光亮。地底下也住著許多人，有的人在晒衣服，有的人在作買賣，還有許多小孩圍著打彈珠。這裡的一切都和人間一樣，於是少女又循著彩虹回到人間。

經過這兩次探險，當她返回故鄉時，已經是個頭髮花白的婦人了。

小朋友，讀完這個小故事，請問：

1.在這個故事裡，總共出現哪些空間？

2.故事中，把瀑布比喻為哪些東西？

一、前奏：認識記敘文

記敘文對我們來說，是生活中最常接觸、最親切的一種文體，不論是看漫畫、卡通、電影，或聽故事，都是在觀賞和聆（ㄌㄧㄥˊ）聽別人「說事情」。我們用這種「說事情」的方法來作文，就是在寫記敘文。

記敘文的種類主要有四種，有寫人、記事、寫景、狀物。寫人的記敘文如「我的好朋友」、「我的爸爸」，寫物的有「愛心便當」、「一雙舊皮鞋」，寫事的如「最害怕的事」、「遲到的那天」，寫景的有「冬天的早晨」、遊記等。看！

請分辨下面的題目，哪些是寫人、記事、寫景、狀物？

例 放假的時候（記事）

1.母親的手	（　　）	2.筆的自述	（　　）
3.夏夜	（　　）	4.畢業典禮	（　　）
5.我的家人真可愛	（　　）	6.運動會記趣	（　　）
7.我愛藍天	（　　）	8.我的天竺鼠	（　　）
9.我的自畫像	（　　）	10.嚇跑小偷	（　　）
11.校園裡的玫瑰	（　　）	12.府城風光	（　　）

這些題目是不是很常見呢？

記敘文的「五要」

記敘文以「說一件事情」為主，在寫作前，要先知道說事情的五個條件：人物、事件、時間、地點和物品。

「人物」是文章的主角，把人物的個性、特質突出來寫，就能塑造生動的人物形象。如白雪公主的母后，她那愛漂亮和善於忌妒的個性，就給人深刻的印象。

「事件」是記敘文的心臟，寫作時，要先選好想敘述的事情，如作文題目是「上學途中」，就應該寫從家裡到學校途中所發生的事情，但要挑重點寫，不然就變成單調的流水帳。

接著，要決定事情發生的「時間」，包括季節，弄清楚時間點是過去、現在還是未來，如〈快樂王子〉故事發生的時間，就是從白天到夜晚，從春天到小燕子過冬。

事件的發生，一定有個「地點」。對地點的描述，應該包括附近的環境和當時的氣氛（ㄈㄣ），在《小王子》中描述小王子的星球上，有好的草，也有毒草，描寫星球的特殊環境。

有時，我們可以用「物品」作為主角，像寫人一樣地描述物品的特質、與你的關係，和背後發生的故事。「物」也可以是一個地方的風景，如郊遊地點的花、草、樹木、房子等。

假設你要寫一篇題目是「郊遊」的作文，一定要交代哪些人、事、時、地，物呢？

1.參與的人物：

____。

2.發生的事件：

____。

3.郊遊的時間：

____。

4.郊遊的地點：

____。

5.出現的物品：

____。

記敘文的敘述法

記敘文以敘述為主要方法，小朋友常用的有順敘、倒敘兩種。

「順敘」是按照事情發生的先後順序來進行敘述，像「上學途中」，就可以從早上起床，寫到抵達學校，敘述途中的所見所聞，但一定要抓住重要的事來寫。

「倒敘」是把事件的結局，或事件中最精采的那一段，拿到文章最前面，引起讀者的注意，再按照事件的發展順序進行敘述。某些電影使用倒敘法，一開始就先演出結尾：有輛雲霄飛車正在急駛，突然衝出軌道，造成很多人死傷，這是結果，然後再演出意外發生的原因，讓觀眾感覺非常刺激！

現在以「上學途中」為題，請你依照順敘、倒敘的方法，為下面的選項排出正確的順序：

(A)起床	(B)走路	(C)看到	(D)路人吐痰
(E)老太太滑倒	(F)扶起老太太	(G)到達學校	

1.順敘法：

2.倒敘法：

觀察的方法

小朋友要常常觀察周遭的事物，作文才不會出現沒有材料的尷（ㄍㄢ）尬（ㄍㄚˋ）情況。

人的五官，每一樣都可用來觀察萬物，但人的「視覺」是帶領我們認識世界最直接的方式，同時也是最全面的。我們寫作前，要先用眼睛觀察要描寫的對象，好比寫生課，美術老師帶我們觀察事物，我們就把看到的畫在紙上，作文則是把觀察到的，用文字表現在紙上。

你也可以配合聽覺、嗅覺、味覺、觸覺，加上心裡的感覺，作更全面的觀察，只要充分應用觀察的能力，寫作時就不愁沒有材料可寫啦！

以「教室」的空間為例，教室的前門為出發點，你可以由門的左方開始觀察，繞房間一圈，再回到門的右方，如圖：

也可以相反過來，從教室門的右方開始觀察，最後繞回門的左方，如圖：

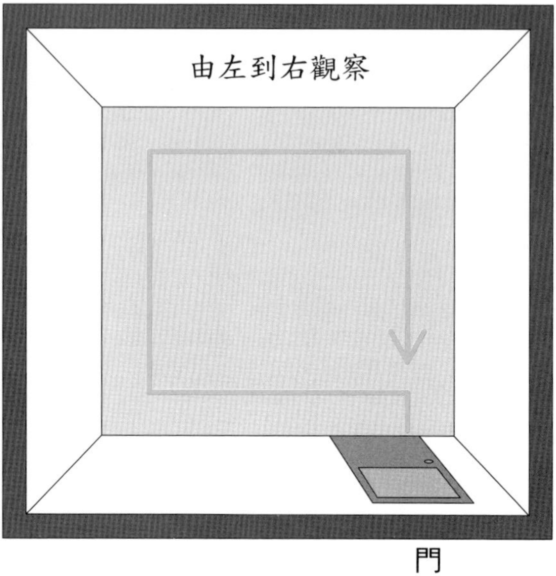

也可以站在教室中間，按照前後上下左右的順序，觀察教室的天花板、地板和四面牆壁，了解整個空間的大小和狀況。如圖：

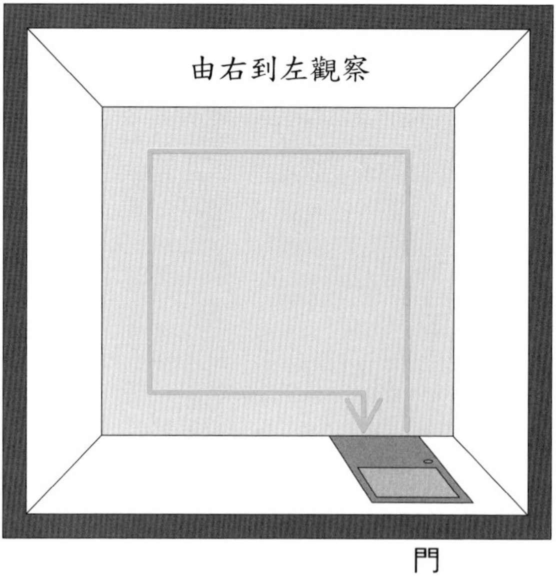

這就是「觀察三法」。按照順序，才能避免像無頭蒼蠅一樣，沒有觀察重點，看了半天也看不出結果。任何一個空間，都可以用這三種方法來加以觀察喔！

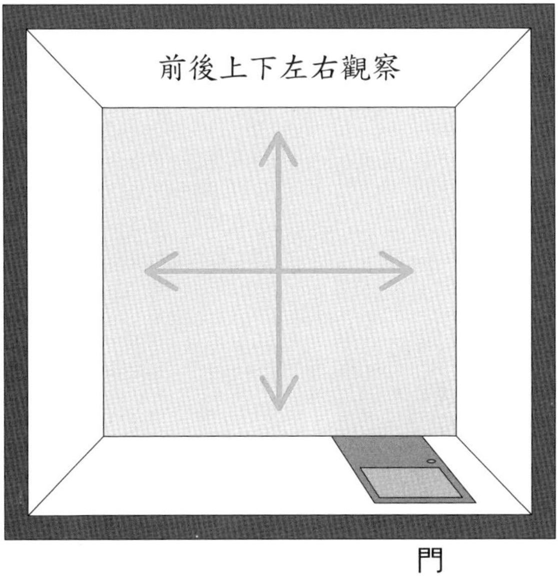

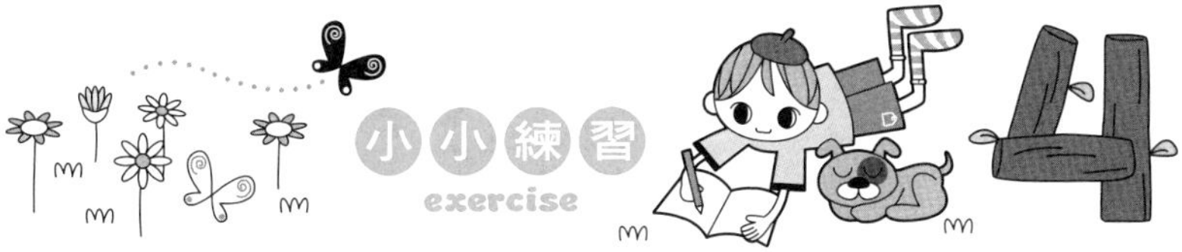

利用「觀察三法」觀察自己的房間，並記錄下來。

1.我由左到右觀察到：

　　。

2.我由右到左觀察到：

　　。

3.我從前後上下左右觀察到：

　　。

寫景記敘文

這裡要認識的，是寫景記敘文。要記得寫出景物的特色，和對自然景物產生的感受喔！寫景並不是文章的目的，而是透過描寫景物，來表達自己的感情，「人物」還是很重要的。

小朋友可以按照自己目光和腳步的移動，或依景物的不同類別按照次序寫，才不會產生雜亂。例如題目「校園一角」、「我的房間」，校園、房間都是某一個空間，就可以依順序寫這個空間的花草樹木、擺設布置等，並同時敘述在這個空間發生的事。

二、主曲：來一趟教室之旅

(一)組合人事時地物

在寫記敘文以前，一定要先熟悉人、事、時、地、物的組合方法。下面的學習單(一)，將人、事、時、地、物等每一項，都列出幾個選擇，請在每一項都用紅筆圈選一樣出來，再組合成一篇短文，寫在底下的「寫作框」。

學習單(一)

人事時地物的組合

小朋友，下面人、事、時、地、物的每一項都列出幾個選擇，請你在每一項用紅筆圈選一樣出來，然後組合成一篇短文，寫在底下的「寫作框」。

1.人：我、媽媽、爸爸、哥哥、姐姐、弟弟、妹妹

2.事情：作文課、體育課、音樂課、數學課、美勞課

3.時間：一年級、二年級、三年級、四年級、五年級、六年級

4.地點：音樂教室、操場、美勞教室、教室、籃球場、校園

5.物：考卷、課本、鉛筆盒、作業簿、聯絡簿、作品

作文題目

寫作框

(二)畫出教室平面圖

請畫出你的教室平面圖。你可以按照自己的教室來畫，也可以設計自己夢想中的教室。

在「教室平面圖」方框中，畫出教室裡面的擺設、桌子、窗戶、大門的位置等等，並為教室規劃出不同的區域。

你可以自由創作，如果不知道應該擺設些什麼物品，可以參考左邊的表格，也可加入自己的想像。

教室的擺設及區域

大門	布告欄	白板
窗戶	講桌	教室公約
桌子	本月壽星	作品展示區
椅子	書櫃	讀書區
黑板	花瓶	塗鴉區

教室平面圖

(三)觀察教室的空間

觀察靜態的事物，應該要按照它的位置次序仔細觀察，這樣才能有層次地了解事物的全貌，不會混亂，這種方法又叫作「順序觀察法」。

像教室這種靜態事物，就可以按照擺設的位置順序來看，從左邊到右邊，或是從右邊到左邊都可以，作文的時候，也按這個順序寫教室內的擺設。

現在就讓我們使用順序觀察法，從教室的前門出發，回答下面的問題，一步一步介紹你畫的教室吧！

假設你現在就站在教室門口，面對著教室裡面：

1.你要從教室的(左／右)　　　邊開始介紹。

2.當你一踏進教室，第一眼看到的會是什麼？

______________________________。

3.窗戶在門的(左／右)______邊，如果你坐在這邊，常會看到什麼？看到的感覺是怎樣？

______________________________。

4.窗戶是用______________做的，顏色上給人______________感覺。

5.我們繼續走，來到教室的後門，你常常從這裡跑出去，因為：

____。

6.「布告欄」在教室的__________，這裡有教室最重要的布置，上面張貼什麼呢？

____。

7.教室裡有沒有張貼同學的「得獎名單」？有的話，位置在哪裡？

____。

8.教室有沒有「讀書區」？有的話，位置在哪裡？你最喜歡哪一本書？

____。

9.教室有沒有「塗鴉區」，那是做什麼的？你怎麼布置塗鴉區呢？

____。

10.很多教室都有「教室公約」，上面有要小朋友遵守的規定，你的教室有沒有？有的話，你會規定哪些事情呢？

____。

最後，有幾個問題要想一想：

1.你最喜歡教室的哪個角落？那裡有什麼布置和擺設呢？

____。

2. 你喜歡在這個角落做什麼事情？

____。

3. 請你用譬喻法或擬人法，形容對教室的感覺。有的小朋友寫我的教室「像溫暖的窩」，有的寫「像製造夢想的地方」，這是譬喻法；有的人寫我的教室「是我的好朋友，陪著我一起讀書、一起長大」，這是擬人法。你還能想出更多嗎？

____。

三、尾聲：作文

題目：

教室的旅行

說明：

小朋友，你每天都在教室上課，可是，你真的記得教室的每個角落嗎？每個角落有什麼東西、有什麼特色，你能描述出來嗎？

請你想一想，每天讀書的教室裡，都會出現哪些人？教室裡時常有什麼活動進行，或發生什麼趣事？你會在什麼時間進教室呢？最喜歡教室的哪個區域和物品？

你可以利用學習單（二）幫助思考，先填寫答案，再把這些想好的材料，整理成一篇作文。

加油！

學習單(二)

人事時地物的寫作

小朋友，你每天都在教室上課，可是你真的記得教室的每個角落嗎？每個角落有什麼東西？是什麼特色？你真的能描述出來嗎？現在請你按照下面的指示填寫。

＊今天的作文題目是教室的旅行，請寫出人事時地物：

人	
事	
時	
地	
物	

範文示例：

教室的旅行

每天，當我踏進教室時，第一眼看到的就是木製的桌椅，排列得整整齊齊。每天很早就有同學到教室，安靜地坐在座位上背書，老師也很早就在教室，有時和我們聊天，有時幫大家準備等一下的考試。我的教室在校園花圃（ㄆㄨˇ）旁，福利社附近，是一個非常美麗的教室喔！

教室的每個地方我都喜歡，但最喜歡的是讀書區。每到下課，我就去後面的讀書區拿書來看，每一本書都好有趣。每學期大家會捐一本書給班上，整學期讓大家自由取閱，登記歸還，然後下學期再捐一本書，把上學期的書拿回家。大家都因此變得很愛看書了！這裡還擺了漂亮的花瓶，老師時常為讀書區換上新的花，讓我們的心情也跟著換新。

我覺得教室是個溫暖的地方，我非常喜歡來這裡。教室像是我的老師，也像是我的朋友，只要我想要知道的事情，都可以在這裡找到資料，得到答案，所以我最喜歡我的教室了！希望可以永遠坐在教室裡，和大家一起學習。

教室平面圖

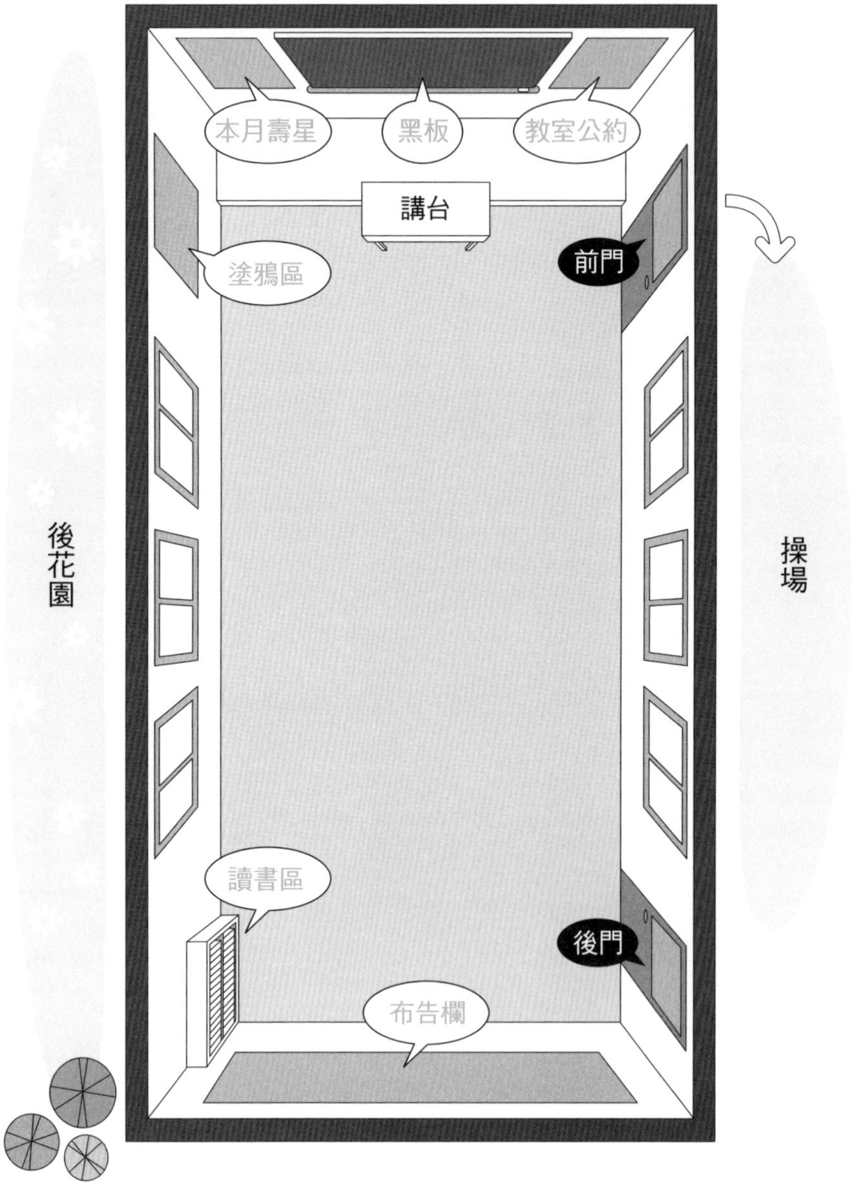

詩佳老師說作文

本文的敘述，是按照作者的視線，對教室進行掃瞄式的觀察。

作者從教室前門出發，由第一眼「排列得整整齊齊」的「木製的桌椅」，觀察到「安靜地坐在座位上背書」的同學，和「有時和我們聊天，有時幫大家準備等一下的考試」的老師，把一間教室的擺設，和靜態到動態的變化，全寫進去了。

說明完教室內部的情形後，接著轉為對外部位置的描述。從後門觀察，可知教室的地理位置，在「花圃」和「福利社」附近，是一個精神食糧與物質食糧同時俱在的美麗教室。

另外，教室不是只有桌椅、同學和老師等具體事物而已，教室更是知識、資訊的交流所。在本文中，作者以「讀書區」的交流情形，描述教室中一股吸引人的無形力量，就是「知識的吸引力」，寫出自己對教室的熱愛，因為教室是一個學習的場所，是個溫暖的空間。

寫完了這篇作文，我們難得地對每天要進出的空間，作了一次感性與知性兼具的「教室的旅行」。

參考答案

故事屋：

1.天上、人間、地底。
2.把瀑布比喻成水簾和白絹。

小小練習1：

1.寫人　2.狀物　3.寫景　4.記事　5.寫人　6.記事　7.寫景
8.狀物　9.寫人　10.記事　11.狀物　12.寫景

小小練習3：

1.順敘：ABCDEFG
2.倒敘：EFABCDG

學習單（一）參考答案：

1.圈選：我、二年級、音樂課、音樂教室、考卷
2.寫作框：我從小就十分的活潑好動。二年級上音樂課的時候，老師一開口唱歌，我就在台下和同學打打鬧鬧，下課離開音樂教室時，總是不把樂器放回原來的地方，老師對我總是十分頭痛。我的好勝心也很強，總是喜歡看看同學的考卷，如果成績比別人低，心情就非常不好，一定要超過她才可以，雖然成績進步了，但也因為這樣，有些同學不喜歡我。

學習單（二）參考答案：

人：我自己、同學和老師
事：玩遊戲、下棋，或看故事書跟繪本
時：下課的時候
地：教室裡面，最喜歡的讀書區
物：書架、花盆、布告欄、黑板、講台、塗鴉板

第十課

抒情文

奇妙的情感世界

UNIT 10

抒情文 奇妙的情感世界

故事屋

蒐藏家的故事

有一個人窮盡畢生之力，蒐（ㄙㄡ）藏各種物品，他對於「蒐集」有著異乎尋常的狂熱，只要你想得到的物品，都在他蒐藏之列。

他蒐藏古董家具。為了要找到珍貴的古董家具，他經常去世界各地旅行，有時候跑了五百多公里的路程，只是聽說那間在沙漠中的小店，有一件好家具而已。

他也蒐藏芭比娃娃。每次到美國旅行，他心裡總是記掛著要尋找特別的娃娃。有一次在百貨公司，他甚至把整個專櫃的芭比娃娃摸遍了，讓美國的專櫃小姐看傻了眼。

在他蒐集物品的過程中，他必須和各種物品的「報馬仔」，維繫良好的關係。

報馬仔就是他的消息來源，哪兒有特別的物品，就會迅（ㄒㄩㄣˋ）速地通知他。報馬仔會帶著他四處去找他要的物品，因此他常要投其所好，遇上愛喝酒的報馬仔，就要請對方去酒吧喝酒；遇上喜歡泡茶的報馬仔，就必須耐心等待茶道儀式結束，並用唇發出輕輕響聲，表示對茶的讚美。

這些珍貴的物品，就是這樣花時間「磨」

出來的。

他所蒐藏的物品五花八門，但並不都是價錢昂貴的，在他認為，「珍貴」的標準不在價格高低，反而是那些用錢買不到的，最是珍貴。

和蒐藏家相反的，有個人則努力拋棄所擁有的東西，他對「丟棄」的狂熱，也是非比尋常，他的人生在持續丟棄中度過。當他沒有任何有形物品可丟時，便開始去除自己的快樂、悲傷、憤怒、歡喜、愛心、恐懼等感情，他認為這些都是累（ㄌㄟˊ）贅（ㄓㄨㄟˋ）。

最後，他變成一個靜止、僵（ㄐㄧㄤ）化的東西，就像植物人一樣，可是連植物都比他有活力。

於是，蒐藏家便將他蒐藏起來，把他和其他的收藏品，珍藏在大櫃子裡，用「珍惜」兩個字餵養他，等待他慢慢成為一個懂得珍惜的人。

小朋友，讀完這個小故事，請問：

1.在這個故事裡，第二個人丟棄了哪些感情？

2.故事中出現哪些成語？

一、前奏：認識抒情文

小朋友，今天要學的是抒情文，抒情文是抒發情感的一種文體。

人是有感情的動物，《三字經》告訴我們：「曰喜怒，曰哀懼（ㄐㄩˋ），愛惡（ㄨˋ）欲，七情俱。」人的情緒多半離不開喜、怒、哀、懼、愛、惡、欲這七種。

生活中隨時有大大小小的事情會影響我們的情緒，這時我們拿起筆來，透過文章記錄這些情感，就是在寫抒情文。

很多作文題目，都和喜怒哀樂有關，像「喜」有「我最喜歡的人」；「怒」有「最令我生氣的事」；「哀」有「最難過的事」；「懼」有「最害怕的事」；「惡」有「我最討厭的人」；「愛」有「我最愛的人」。

當你拿到這些題目，只要從喜歡、生氣、難過、害怕、討厭、愛等關鍵字，就知道作文要寫什麼，是不是很簡單呢？

描寫情感的方法

作文時，小朋友可以用許多方式來描寫情感，例如動作、誇大或譬喻等方法，像「我高興」，可以寫成：「這件事使我高興得跳了起來！」跳起來的動作，再加上驚歎號，表示情緒的興奮。

如果只寫「我生氣」，感覺太單調，可以寫成：「這件事讓我氣到睡不著，我一輩子都忘不了。」就是利用誇張來寫生氣的感覺。同樣的，如果寫「我很難過」，只用「很」是不夠的喔！改成：「我難過得像快死掉一樣。」在句子使用譬喻和誇張，會使難過的情感更強烈。

請用動作、誇大或譬喻，把下面的詞語寫成生動的句子：

例 哥哥、興奮：哥哥興奮極了，一下子坐著，一下子站起來走來走去，沒有片刻安靜。

1.弟弟、快樂：________________。

2.媽媽、傷心：________________。

3.我、愛：________________。

4.妹妹、無聊：________________。

5.爸爸、生氣：________________。

抒情的類別

抒情，可以分成直接抒情與間接抒情兩種。

直接抒情是不必藉著其他事物，就能把心裡的情感直接描述出來，就像一個人說話的方式很直接，喜歡你就直接說出來，不會繞著圈子講。這種方式，可以將情感強烈的表達出來，例如：

雖然我的寵物「小白」已經死去三年，我仍然深深地思念著牠，希望牠在天國能夠快快樂樂的。——直接抒情

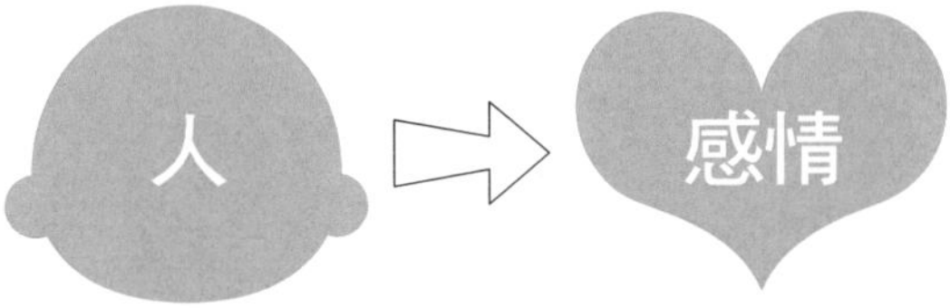

請用「寵物」、「小貓」、「愛」，造出直接抒情的句子：

。

間接抒情，是必須借助一些事物，才能抒發內心的感情，它的類型有敘事抒情、藉景抒情及藉物抒情等。寫作時，你可以借助一樣物品、一件事情或眼前的風景，宣洩(ㄒㄧㄝˋ)心中的感情，現在就讓我們一一來認識吧！

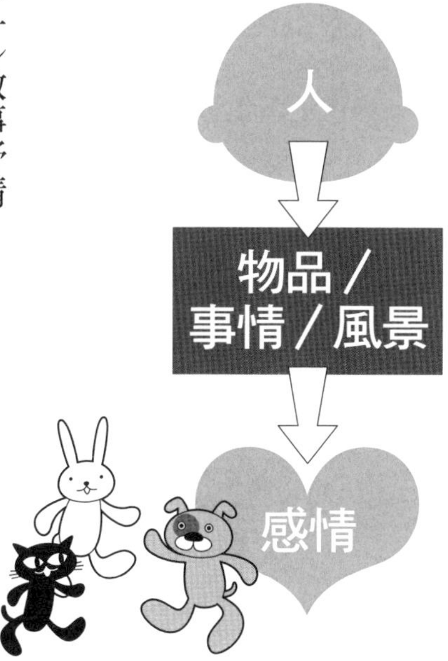

(一)敘事抒情

敘事抒情，是把「說事情」和抒情結合起來，藉著說一件事情，來寄託情感。表面上，好像只是在講事情，抒情的成分少了，但其實是藉著幾件小事來表現感情，文章的重心還是「情」。

如果你把感情融入生活瑣事中，會比直接抒情更感人，例如：

那天，玉娟告訴我，她要轉到別的學校了。平常想到要上學就懶惰的我，現在每天一大早就去學校，和她吃早餐、早自習，因為我真的捨不得和玉娟分開啊！——間接(敘事抒情)

請用「好朋友」、「搬家」、「難過」，造出敘事抒情的句子：

（二）藉景抒情

如果你到某個地方，看到美麗的風景，會對景物的美好產生感動。將觀察到的地理及季節的變化，加上自己對生活的感觸，用文字描寫下來，讓人感受你內心的感情，就是藉景抒情。例如：

爺爺過世時，正是寒冷的冬天。冷風將樹葉吹落，將河水冰凍，太陽失去了溫暖的笑容，也把我們的笑容一起帶走了。——間接（藉景抒情）

要記得，寫景時一定不能脫離「情」，如果寫景的文章，沒有包含作者的思想感情，只是像照相一樣，如實地把景物描寫出來，不管寫得多細膩（ㄋㄧˋ），也很難打動人心。

請用「奶奶」、「春天」、「健康」，造出藉景抒情的句子：

(三)藉物抒情

藉物抒情，是借助某樣物品，帶出自己的情感或回憶，讓你想到某個人或某件事，所以這個物品常常是情感的象徵，在作文中扮演重要的角色。例如：

這個鉛筆盒是媽媽送給我的生日禮物，每當我打開鉛筆盒，就能感覺到媽媽的愛心，陪伴著我學習，也陪伴著我長大。

——間接(藉物抒情)

這種寫法的重點不在描寫物品，物品只負責帶出感情，它是配角，事件和回憶才是文章的主角喔！

請用「相片」、「烤肉」、「同學」，造出藉物抒情的句子：

利用對話

對話對寫文章來說，是非常重要的，很多小朋友寫作文，從來不知道要寫對話，使整篇作文只是敘述的文字，十分單調，讀起來索然無味。

對話，就是當你寫到人物時，讓文章裡的人開口說話，表現人物的個性和情緒，或是用擬人法寫動物、植物、大自然的時候，也讓這些「非人類」的事物開口說話，例如林良的〈兩隻金魚〉，就寫到金魚的對話：

這天晚上，黑色的金魚練習過跳高以後，就說：「主人睡了，主人的小孩子也睡了，沒有人來看我們了。真沒意思！」紅色的金魚說：「沒有人來看我們才有意思。我不喜歡有人瞪（ㄉㄥˋ）著我看。」

小朋友從簡單的對話，就可以看出黑色金魚的個性外向，說話口氣反應出牠的心情十分鬱（ㄩˋ）悶，紅色金魚就比較內向。

你可以再加上說話時的動作和表情，例如：「小鳥望著飛機，扁了扁嘴，說：『一樣是鳥類，有什麼好神氣的！』」扁嘴的小動作，就把小鳥不屑（ㄒㄧㄝˋ）的神情，很生動地描寫出來了。

試試看，為題目裡的角色加上心情和對話：

例 紅色金魚對黑色金魚說：「你一定要這麼愛現嗎？」
黑色金魚嘆口氣回答：「沒辦法，我的個性就是這麼外向。」

1.兔子不耐煩地說：「你跑快點可不可以？」

烏龜＿＿＿＿＿＿回答：「

」

2.水裡的魚抬起頭，對樹上的鳥兒說：「你不會游泳，算什麼魚？

鳥兒＿＿＿＿＿＿回答：「

」

3.板擦得意地對粉筆說：「不管你寫些什麼，我都能擦掉！」

粉筆＿＿＿＿＿＿＿回答：「

」

4.便當裡的貢丸對豆腐說：「你好脆弱，一碰就碎了，不像我這麼堅強。」

豆腐＿＿＿＿＿＿＿回答：「

」

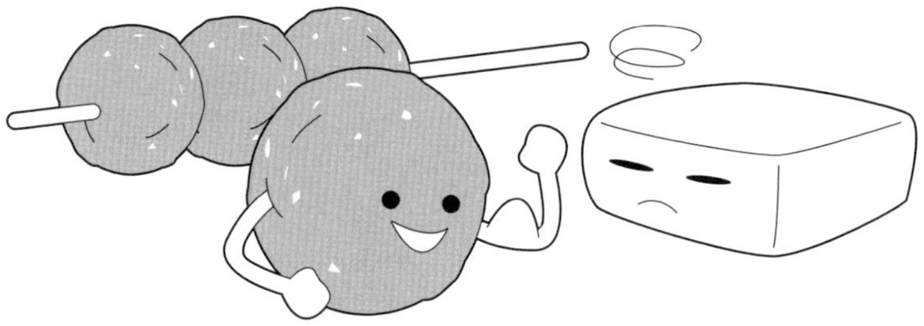

情感具體化

抽象的情感，本來是非常虛幻的「感覺」，它看不見，也摸不著，很難想像。例如「一＋一＝二」就是一種抽象，但是你可以在數字後面加上單位，像是蘋果、盒子、花等具體的事物，就變成「一朵花＋一朵花＝二朵花」、「一顆蘋果＋一顆蘋果＝二顆蘋果」，就很容易理解。

也可以利用文字，把抽象的情感形容詞加上具體的名詞，使這些感覺變成具體的人、事、物，讀者對這些形象化的句子，就容易印象深刻。

請在抽象組和具體組各挑出一個詞語搭配，造出適當的句子：

抽象組	脆弱	寂寞	快樂	愛
具體組	貓	鑰匙	小草	花朵

例 愛、花朵：
造句：媽媽的笑容，讓我的心裡，開出了**愛的花朵**。

1. ＿＿＿＿＿、＿＿＿＿＿：
造句：
＿＿＿＿＿＿＿＿＿＿＿＿＿＿＿＿＿＿＿＿＿＿＿＿＿＿＿。

2. ＿＿＿＿＿、＿＿＿＿＿：
造句：
＿＿＿＿＿＿＿＿＿＿＿＿＿＿＿＿＿＿＿＿＿＿＿。

3. ＿＿＿＿＿、＿＿＿＿＿：
造句：
＿＿＿＿＿＿＿＿＿＿＿＿＿＿＿＿＿＿＿＿＿＿＿。

二、主曲：體會情感世界

測試喜怒哀樂

現在就來作個簡單的情緒測試，讓你了解人的情感世界是怎麼回事。仔細看下面的問題，然後將你的感覺，利用學到的譬喻法或誇大法，用句子描述出來。

(一)當主角是「我」

例 我遇到搶匪了：我害怕得回家大哭一場。

1.老師稱讚我：

____。

2.我被媽媽罵：

____。

3.爸爸買禮物送我：

____。

4.我聽到下課的鐘聲響了：

____。

5.我快要月考了：

____。

6.老師要離開學校，不能教我了：

____。

7.弟弟把我的作業撕破：

____。

8.我走路跌一跤：

____。

(二)當主角是「別人」

例 鄰居遇到搶匪了：希望我不會遇到這種事。

1.老師稱讚坐在我旁邊的同學：

＿＿＿＿＿＿＿＿＿＿＿＿＿＿＿＿＿＿＿＿。

2.哥哥被媽媽罵：

＿＿＿＿＿＿＿＿＿＿＿＿＿＿＿＿＿＿＿＿。

3.爸爸買禮物送妹妹：

＿＿＿＿＿＿＿＿＿＿＿＿＿＿＿＿＿＿＿＿。

4.聽到考試的鐘聲響了：

＿＿＿＿＿＿＿＿＿＿＿＿＿＿＿＿＿＿＿＿。

5.姐姐快要月考了：

＿＿＿＿＿＿＿＿＿＿＿＿＿＿＿＿＿＿＿＿。

6.討厭的老師要離開學校了：

＿＿＿＿＿＿＿＿＿＿＿＿＿＿＿＿＿＿＿＿。

7.弟弟把哥哥的作業撕破：

＿＿＿＿＿＿＿＿＿＿＿＿＿＿＿＿＿＿＿＿。

8.同學走路跌一跤：

＿＿＿＿＿＿＿＿＿＿＿＿＿＿＿＿＿＿＿＿。

有沒有發現？當事情發生在自己身上，情緒就會特別直接、強烈，可是如果你把「我」換成「別人」，事情發生在別人身上，就覺得還好、沒有什麼，除非事情和你有一點關係，你才會覺得有些緊張和防備。

(三)情感迷宮

人的感情是非常複雜的，有時感到快樂，有時心情又會突然跌到谷底。就像玩迷宮遊戲，當你進入入口要開始走迷宮時，心裡十分興奮期待，但如果一不小心選擇錯誤的路線，被困在迷宮裡，就會覺得害怕或是生氣，找到出路，又十分開心。

下面是「情感迷宮」，請你走走看，按照密碼❶到❿，找到代表情感的詞語，觀察自己的情緒，是不是和詞語表現得一樣。

❶興奮　❷樂在其中　❸悶悶不樂　❹生氣
❺不耐煩　❻驚喜　❼空歡喜　❽害怕　❾傷心
❿歡天喜地

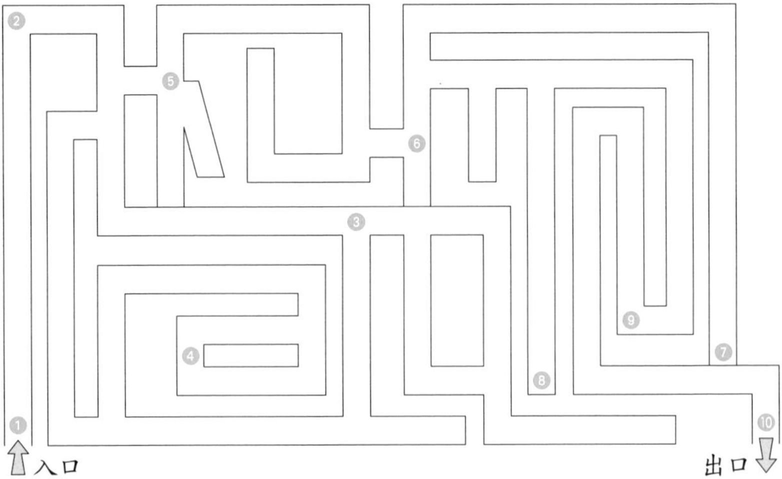

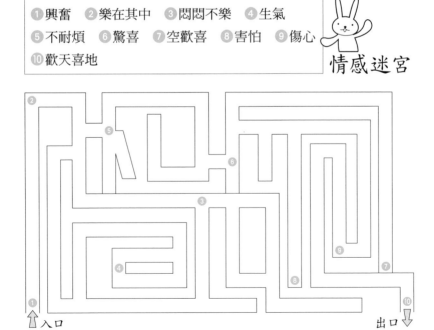

有的人對情緒或感覺的體會不夠明確，常寫出「我的心情普通」、「心情不會太好，也不會太壞」的句子，讓人很難產生共鳴。

我們在寫作時，應該更細膩，先要清楚了解自己的情緒，究竟是高興、悲傷、憤怒、喜悅，或是憂鬱（ㄩˋ），就能適當地把感覺化成文字，成功表達出來啦！

請把不明確的情感描述，改成明確而完整的句子：

例 我不會很討厭運動，也不會很喜歡。→
我喜歡運動，雖然有時很麻煩，有些討厭，但運動有益健康，我還是喜歡運動。

1.我今天的心情不會太好，也不會太壞。→

。

2.我對這件事情的感覺還好。→

。

3.我和小慧之間的友情普通。→

。

三、尾聲：開始作文

題目：

我最喜歡的人

說明：

本課的作文題目是「我最喜歡的人」，小朋友可以用敘事抒情、藉景抒情或藉物抒情，任何一種方法來寫。今天，就先來練習藉物抒情。

作家琦（ㄑㄧˊ）君寫了一篇文章，叫作〈一對金手鐲（ㄓㄨㄛˊ）〉，講她和小時候的好友阿月，分別得到琦君媽媽送的金手鐲，兩只手鐲恰好是一對。

幾年後，她和阿月疏遠了，不再連絡，每當整理抽屜（ㄊㄧˋ），看到阿月送她的小東西和金手鐲，就想到兩人以前相處的種種，想到兩人的友情，心裡覺得很懷念，也有些感傷。

這就是「藉物抒情」的文章。

想一想，如果你的作文寫得很好，上課很認真，老師或父母會不會贈送禮物獎勵你呢？你會怎麼處理這些禮物？也許你是放在書桌上，或收在抽屜裡，用不到的時候，甚至會忘記禮物的存在。

請你找一件物品，利用本課的「聯想地圖」，想出幾個和物品有關的人和事，最後寫成一篇抒情文。

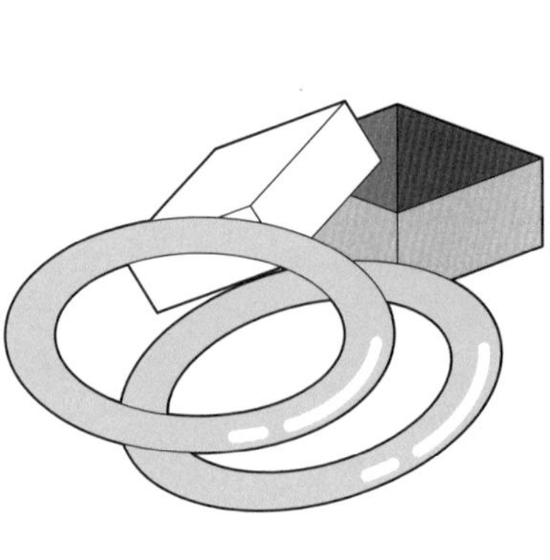

學習單

藉物抒情的聯想地圖

小朋友，請你仔細看下面的聯想地圖，並想一想地圖裡面問的幾個問題，然後把答案寫在答案欄裡。加油喔！

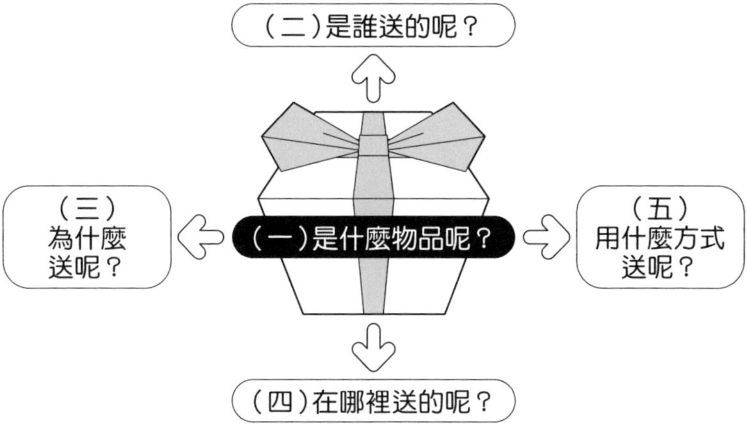
（二）是誰送的呢？
（三）為什麼送呢？
（一）是什麼物品呢？
（五）用什麼方式送呢？
（四）在哪裡送的呢？

問題（一）：

問題（二）：

問題（三）：

問題（四）：

問題（五）：

範文示例：

我最喜歡的人

有一天晚上，我在房間整理抽屜，看到一張小卡片，上面寫滿鼓勵的話，那是我最喜歡的校長送的。

我最喜歡的人，是我們的校長，她長得很漂亮，有一頭像夜晚一樣烏黑的長髮，戴著一副無邊眼鏡，很年輕也很有氣質，還有一雙溫柔的眼睛，臉蛋像蘋果般紅潤，個性十分親切友善。

校長時常舉辦讓小朋友和老師們在一起的活動，叫作「校長的約會」。校長會選最有禮貌的小朋友來參加，和她一起喝下午茶、吃美味的蛋糕，我也曾經參加過，還收到校長親筆寫的卡片喔！那天每個獲選的小朋友都站在台上，校長一一地頒發獎狀和卡片給我們，還和我們拍照紀念，真的很難忘！

我想要對校長說：我最喜歡您了！祝福您永遠青春美麗，也感謝您辛苦地照顧我們，更希望您永遠平安、快樂！

詩佳老師說作文

這篇範文的寫作順序，是先從一張小卡片帶出作者的回憶，他聯想到贈送卡片的人是校長，也想到對校長的敬愛之情。

接著，作者介紹校長的外表和個性，校長「有一頭像夜晚一樣烏黑的長髮」、「臉蛋像蘋果般紅潤」，這些句子是使用第六課的譬喻法，適當的比喻造成美感，讓人可以想像校長美麗的樣子。

第三段寫收到卡片的原因和經過，這裡是文章最重要的部分，小朋友可以分成兩部分來寫。作者先寫參加「校長的約會」活動的經過，介紹活動情況，再寫頒發獎狀和卡片的情形，描述熱鬧景況，帶著我們一起回憶當時情景，而我們也由此知道卡片對作者的意義。

結尾使用「呼告法」。呼告法是當作者或人物內心感情最激動時，將不在眼前的人、事、物，都當作就在眼前，而向他呼喚、傾訴，可以表達作者強烈的感情。文章結尾的：「親愛的校長，我最喜歡您了！」就是向不在眼前的校長，發出直接的呼喚，表達對校長的愛。

參考答案

故事屋：

1. 快樂、悲傷、憤怒、歡喜、愛心、恐懼
2. 異乎尋常、投其所好、五花八門、非比尋常

小小練習8：

1. 我今天的心情很平靜，沒有非常高興，也不會心情不好。
2. 我對這件事情的感覺是還可以接受。
3. 我和小慧之間的友情沒有很深，只是普通朋友而已。

學習單參考答案：

問題（一）：我收到的東西是一張小卡片。
問題（二）：是我們校長送給我的。
問題（三）：因為我很有禮貌，可以參加「校長的約會」活動。
問題（四）：校長在吃下午茶的時候送卡片給大家。
問題（五）：每個人都站在台上，然後校長送卡片，還和大家拍照紀念。

第十一課

疊字修辭

疊疊不休的中文字

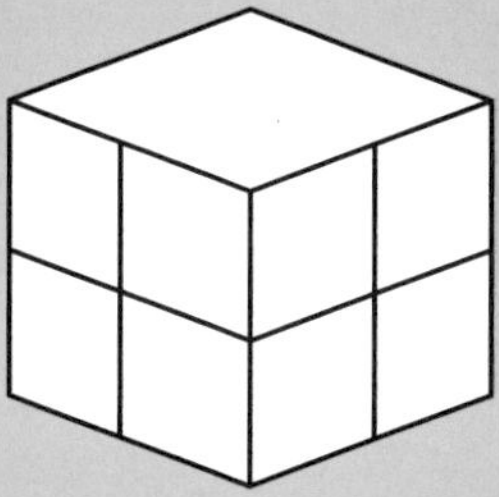

UNIT 11 疊字修辭 疊疊不休的中文字

●故事屋

白嫩嫩公主與黑黝黝王子

從前，從前，在那遙遠的小島，有個「白白國」，他們的國王名叫「白茫茫」，皇后叫「紅通通」。白茫茫國王是個視力很差、也不太認真治理國家的老好人，紅通通皇后則喜歡每天喝紅酒，穿著紅色的晚禮服，和一些貴族跳舞交際。他們生了一個可愛的「白嫩嫩」公主，公主的皮膚就像雪一樣白，摸起來，比初生的小草還要細嫩呢！

美麗的公主長到十八歲，到了差不多該結婚的時候，可是國王和皇后的個性雖然隨隨便便、糊裡糊塗，卻有一件事情十分堅持，那就是這個家族的女人，不可以嫁給名字有「黑」的男人，像是「黑鴉鴉」、「烏溜溜」都不行，因為在白白國裡，名字有「黑」字的男人都是奴隸（ㄌㄧˋ），配不上公主。這使得公主非常寂寞，而且國王、皇后管教得很嚴，不准她離開島嶼（ㄩˇ）一步，也不准她跳舞交際，因為他們害怕女兒被不好的男人拐（ㄍㄨㄞˇ）騙。

不過，這種情況很快就要改變囉！

有一天，白嫩嫩公主照常帶著隨從到海邊畫畫，她望著藍湛湛（ㄓㄢˋ）的天空和海連成一線，不禁讚歎：「好美啊！」忽然，她發現遠方出現一團黑色的點，隨著海浪載（ㄗㄞˋ）沈載（ㄗㄞˋ）浮，漸漸地越來越近。「啊！竟然是個人呢！」公主連忙命令隨從下水救起那個人。那個男人的膚色很黑，身材十分高大，他虛弱地張開烏黑的眼睛問：「是妳救了我嗎？美麗的姑娘。」公主點點頭，問他：「你叫什麼名字？從哪裡來的呢？」黑皮膚男人回答：「我的名字叫『黑黝黝（ㄧㄡˇ）』，是『黑黑國』的王子，因為出海旅行發生船難，才會漂流到這裡。」

他們很快地就愛上對方。白嫩嫩公主非常驚訝，世上竟然有個黑黑國，而且讓名字有「黑」字的家族統治國家。當黑黝黝王子的健康恢復了，就立刻向國王、皇后提出求婚，國王和皇后一開始堅決反對，他們不相信姓黑的男人會是一國的王子，但過不久，當他們看見許多來自黑黑國的雄偉船艦，停靠在白白國的海港，前來尋找王子時，就不得不相信了。於是，國王就將白嫩嫩公主嫁給黑黝黝王子，而且從此以後，白白國再也不敢輕視姓黑的人啦！

小朋友，讀完這個小故事，請問：

1.在這個故事裡，總共出現哪些疊字呢？

2.哪個句子使用譬喻法？哪個句子使用誇大法呢？

一、前奏：認識疊字

小朋友一定曾經看過或玩過「疊疊樂」的積木遊戲吧？這種積木的形狀是長方體，每塊都長得一模一樣。玩遊戲的時候，大家可以輪流往上疊，看誰先讓積木倒下，誰就輸了。

中文字也有這種「疊」的現象喔！就是把兩個或三個長相一樣的字疊起來，變成一個新字，例如：林、品、晶、毳（ㄕㄡˇ）、焱（ㄧㄢˋ）、鑫（ㄒㄧㄣ）、麤（ㄘㄨ）、犇（ㄅㄣ）、驫（ㄅㄧㄠ）、畾（ㄌㄟˊ）、猋（ㄅㄧㄠ）等。

這些疊起來的字有「多」或「大」的意思，像是樹木多叫作「森」，石頭多叫作「磊」（ㄌㄟˇ），車輪的聲響大叫作「轟」，大水瀰漫叫作「淼」（ㄇㄧㄠˇ），另外「掱」（ㄕㄡˇ）這個字常常和「扒」一起使用，而「三隻手」也是扒手的意思，很有趣吧！

常聽到的疊字

如果用心觀察就會發現，我們說話的時候，也常用到疊字，像小朋友跟大人說「要喝茶茶」、「要玩球球」、「想吃飯飯」、「洗澎澎」，聽起來非常可愛。疊字就是利用聲音的重複，來增加語調的和諧感。

詩人紀弦的童詩〈語法〉說：「飯飯吃。糖糖要。狗打。貓打。鞋鞋穿。帽帽戴。飛機拿。火車看。洋娃娃抱。馬馬騎。」模仿剛學會說話的小小孩，說話愛用疊字，十分可愛。

疊字的用法是把兩個一樣的字，當作一個「詞」，如「美美」、「白白」。在文章使用疊字，有「加強語氣」的效果，像「潺潺（ㄔㄢˊ）」是形容流水的聲音，「白嫩嫩」形容人的皮膚很白、膚質很細，「懶洋洋」則形容懶惰。我們可以在寫作時使用它們喔！

你曾經聽到哪些含有疊字的話呢？把印象最深的寫下來吧！

1.這句含有疊字的話是：

。

2.這句含有疊字的話是：

。

3.這句含有疊字的話是：

。

疊字與描寫

疊字能使描寫變美。我們形容一個女生「眼睛很大、很圓」，感覺好單調，一點都不覺得有多美，但如果幫它加上疊字：「她的眼睛水汪汪、圓溜溜的，像是會說話。」就能把眼睛溼潤、圓亮的感覺，描寫得十分傳神。

琦君的〈下雨天，真好〉：「我望著母親的臉，她的額角方方正正，眉毛細細長長，眼睛瞇成一條線。」將方正和細長各重複一個字，就能誇大母親的臉型和眉型。當我們聞到甜的氣味，如果寫成「甜絲絲」，就能將氣味似有若無的感覺抓出來。

請你用疊字造出適當的句子：

1.月亮的形狀：

。

2.媽媽的脾氣：

3.走路很慢：

疊字與感官

疊字還可以用來描寫感官，如描寫聽覺可用「潺潺」的水流聲，或蟲聲「唧唧」，這時的疊字是作為狀聲詞；描寫視覺可用「黃澄澄」的稻田，或「黑黝黝」的皮膚，這時疊字是作為色彩形容詞；描寫觸覺可用「軟軟的」麻糬，或「硬梆梆（ㄅㄤ）」的木板；描寫嗅覺時可用「香噴噴」，或「臭烘烘（ㄏㄨㄥ）」；描寫味覺可用「酸酸甜甜」，或「苦苦的」。

請用疊字造出具有感官描寫的句子：

1.流汗：

。

2.喝熱湯：

。

3.安靜：

。

疊字與詞性

疊字更可以當作動詞來用，例如：跑跑、跳跳、吵吵、鬧鬧、笑笑、走走、動動、搔搔（ㄙㄠ）；可以當作副詞，如重重、漫漫、常常、樣樣、斷斷續續；也可以當作形容詞，如花花綠綠、紅紅的、高高低低、真真假假、淡淡的、重重的；還可以當作數量詞，如條條、棵棵、串串、件件、各各等。

請用代表動詞、形容詞和量詞的疊字，造出適當的句子：

1.下課時間：

。

2.衣服的顏色：

。

3.香蕉：

。

童詩裡的疊字

詩歌裡面，常為了加強語氣和情感，增加詩歌的聲音美，而使用疊字，造成音樂的效果。童詩中也常出現疊字，以加強語氣和情感，使聲調動聽。

如林良的〈白鷺鷥〉：「青青山下，綠綠水田，白白的鷺鷥／低低飛。」和王維〈積雨輞（ㄨㄤˇ）川莊作詩〉的意境相同。

麥穗的〈小雨滴〉：「小雨滴從老遠老遠的天邊跑來／跑到我家門前／有的敲敲厚厚的木瓜葉／有的去踩踩滿池的睡蓮／還有些在瓦片上跳舞／或躲在樹林子裡說悄悄話。」把詩句大聲地讀出來，聽聽看，是不是十分悅耳呢？

請把下面的詩句，大聲地讀出來吧！

1.媽咪把你輕輕搖，搖到夢的小橋。（林彩鳳／摘月亮）

2.快十二點了！臺北／還睜著紅紅藍藍的眼睛。
（林武憲／早點兒睡吧！臺北）

3.妹妹在靜靜的搖籃中，緩緩入夢。（李國躍／搖籃）

4.我一喊，她就拍拍屁股走了，一路上搖搖晃晃地／唱著屬於女孩的歌。（羅悅玲／夏日的回憶）

5.我最愛吃圈圈餅，尤其是媽媽親手炸的甜甜的圈圈餅。
（吳妙娟／圈圈餅）

只要我們能記得許多疊字，學會利用這些疊字來造句、作文、寫詩，那麼，作文功力就會增強好幾倍喔！

現在就利用學習單（一），按照視覺、聽覺、觸覺、嗅覺、味覺，寫出你記得的疊字吧！

學習單(一)

疊字與感官

小朋友，當我們描寫感官的時候，如果能用一些疊字，就會讓描寫更加生動喔！你記得多少個疊字呢？請你按照視覺、聽覺、觸覺、嗅覺、味覺，寫出你記得的疊字吧！

感官	疊字
視覺 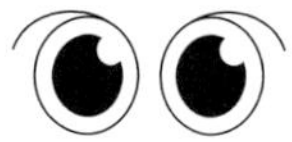	
聽覺 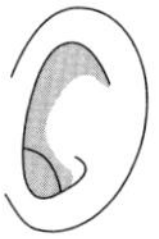	
觸覺 	
嗅覺 	
味覺 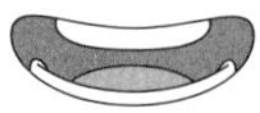	

二、主曲：疊疊不休的中文字

(一)教你怎麼「疊」！

請看看下面的文字積木。

首先，舉一個簡單的例子，「紅的」是大家常用的形容詞，像「紅太陽」、「蘋果紅得好美麗」等，如果再幫它加上一個「紅」字，就變成「紅紅的太陽」、「蘋果紅紅的好美麗」。

讓我們看看下面的圖：

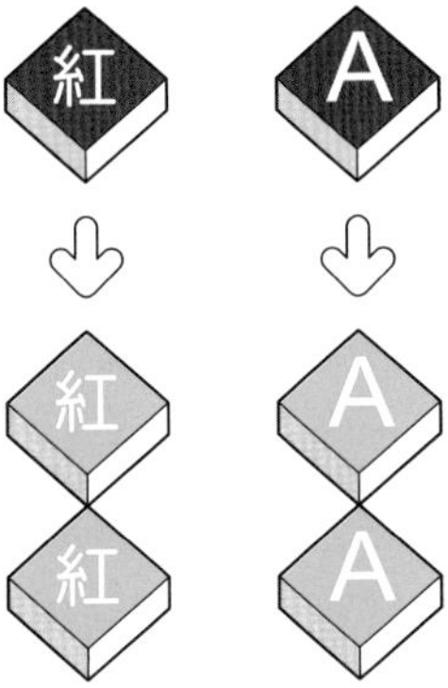

這是由兩個字疊起來的疊字，再讓我們看看三個字的。

有一種疊字長得頭兒小，身體長，它的排列是「ABB」，例如「一朵朵」、「一串串」等，第一個字不一樣，但是後面兩個字一樣；還有一種和它相反，長得頭兒大，身體短，它的排列是「AAB」，例如「汪汪叫」、「散散心」等，前面兩個字一樣，第三個字就不一樣了。請看下面的圖：

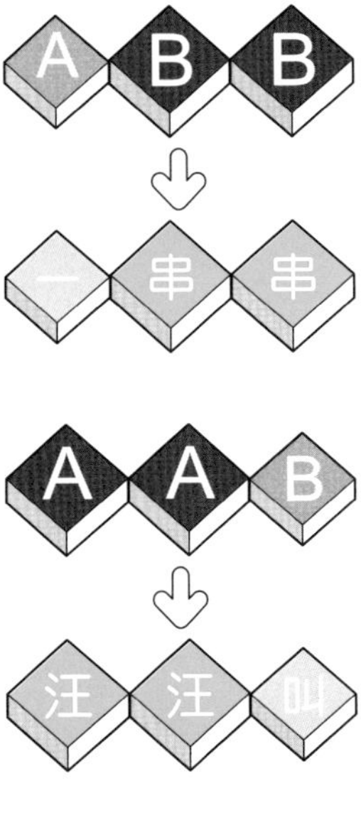

很有趣吧！還有一種疊字是由四個字組成的喔！它的頭兒和身體是一樣長的，排列方式是「AABB」，例如「匆匆忙忙」、「高高興興」。前面兩個字是一組，後面兩個字也是一組，將四個字組合起來而成一個詞，這種疊字非常多，我們說話時也常用到。請看看下面的圖：

還有許多成語或詞語也出現疊字。通常它的長相是「AA○X」，例如「栩栩（ㄒㄩˇ）如生」、「欣欣向榮」等，只有前面兩個字一樣，第三、第四個字都不一樣；另一種排列正好和它相反，是「○XAA」，例如「文質彬彬（ㄅㄧㄣ）」、「小時了了（ㄌㄧㄠˇ）」等。請看下面的圖：

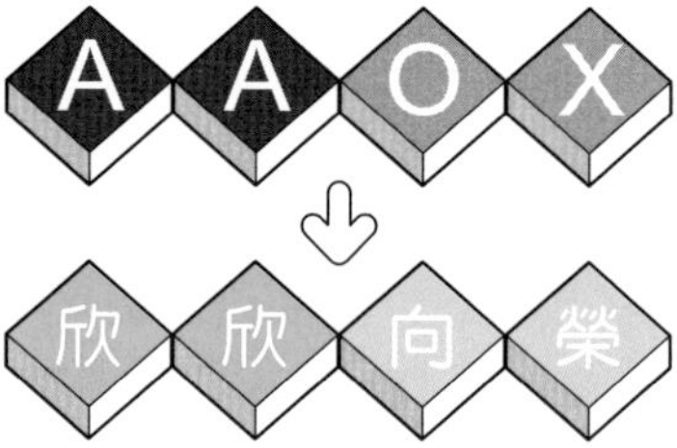

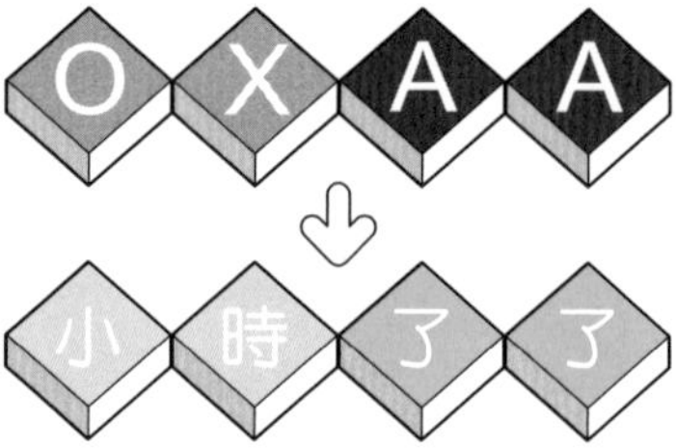

很簡單吧！相信經過這樣的比較，小朋友對疊字的排列組合，了解得更清楚了。現在，我們就利用學習單（二），來練習用疊字造句吧！

學習單(二)

用疊字來造句！

小朋友，現在老師寫一個字在黑板上，請你造出它的疊字，並用這個疊字造出完整的句子來！

字	疊字	人或動物＋疊字
咩		
笑		
氣		
一		
圓		
香		
汪		
冷		

（二）段落寫作

癢癢	綿綿	咩咩	嗡嗡	吹吹
冷冷	汪汪	緊緊	轟隆隆	酸酸的
甜甜的	一串串	毛茸茸	胖嘟嘟	髒兮兮
綠油油	氣呼呼	黑漆漆	滑溜溜	香噴噴
匆匆忙忙	健健康康	彎彎曲曲	蹦蹦跳跳	閃閃發亮
吱吱喳喳	香香濃濃	高高興興	漂漂亮亮	紅通通

1. 請從上面的表格中，任選五個不同感官的疊字，填在下面的空格中：

感官	疊字
視覺 	
聽覺 	
觸覺 	
嗅覺 	
味覺 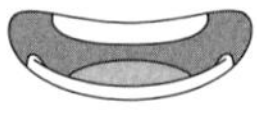	

2. 請利用你挑選出來的五個疊字，組合成一段小文章，只要寫一小段就好喔！

開始寫：

三、尾聲：作文

題目：

夏天來了

今天的作文題目是「夏天來了」，當我們看到這個題目的關鍵字「夏天」，首先就想到在夏天「所發生的事情」，或是在夏天「可以做的事」。

如果小朋友想當作記敘文來寫，主角就是你自己，內容寫的是你個人的經驗。此外，還可以用抒情文的方式寫，加入自己的感情，寫出夏天的景色，把動、植物的狀態，用文字表現出來，讓情感與景色能夠交融在一起。

說明：

1. 材料來源：

你可以從自己或他人的生活經驗，尋找寫作材料，而且應該是新奇、有趣的。

2.主題確立：

要看清楚題目，確立作文主題是書寫夏天的景物，和在夏天發生的事情。

3.段落思考：

第一段：說明你對夏天這個季節，是喜歡，還是厭惡的感情。

第二段：寫出你喜歡或討厭夏天的理由。也許你喜歡夏天，是因為可以吃到某些食物；也許你討厭它，是因為高溫的氣候讓你不舒服，除此之外，還有哪些原因呢？

第三段：想一想，你會不會在夏季時出遊，去欣賞大自然的景色？如果會，你會做些什麼事？你可以寫出夏天的景色和動、植物的變化，或是將夏季與其他季節比較，然後，幫夏季打個分數吧！

第四段：呼應第一段的內容，再次強調你對夏天的感情。

範文示例：

夏天來了

夏天來了！夏天是我最喜歡的季節。

你們一定很奇怪，為什麼我會喜歡夏天呢？火辣辣的太陽晒得人很不舒服，可是我卻喜歡夏天。因為夏天可以放長長的暑假，有兩個月的時間，我不必到學校上課，可以到游泳池，泡著冷冰冰的水，或是在家裡吹吹冷氣，最重要的是，可以不用擔心隔天要上學。

夏天，藍湛湛（ㄓㄢˋ）的天空充滿了朝氣，是全家出遊的好季節。我們在白天可以看到大自然的好風光，躺在綠油油的草地上，享受暖風吹拂，聽聽鳥兒啼叫，看著魚兒優游在清澈的水裡，享受大自然的美好。

夏天來了，我可以吃到香香甜甜的西瓜。我最喜歡吃紅色的西瓜，只要我看見好吃的西瓜，就會口水直流。我也喜歡吃冰淇淋，冰在嘴裡融化的感覺，真的太棒了！

我愛夏天，夏天是我最愛的季節。

詩佳老師說作文

在範文中，有一種作文的方法，叫作「前後呼應法」，亦即作文的開頭怎麼寫，就在結尾的地方怎麼回應。

你可以在結尾處重複一次在開頭寫的句子，但是語句要有些不同喔！例如範文的開頭是「夏天是我最喜歡的季節」，結尾就可以寫成「夏天是我最愛的季節」，句子很相似，但又不是完全相同，使文章的主題突出，讓文章成為一個完美的「圓」。

我們也學到了疊字的妙用，在範文出現的疊字有：火辣辣、長長的、冷冰冰、吹吹、藍湛湛、綠油油、聽聽、香香甜甜等八種，有觸覺、視覺、聽覺、味覺及動詞，詞語的使用非常豐富。

如果小朋友在作文時，能適當運用各種感官詞語和疊字，就能使文章變得生動活潑囉！

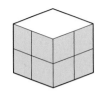

疊字倉庫

AA				
潺潺	淺淺	深深	絲絲	漫漫
念念	綿綿	層層	緊緊	濃濃
癢癢	咩咩	喃喃	冷冷	裊裊
柔柔	嗡嗡	痴痴	嘓嘓	悠悠
玩玩	吹吹	伸伸	涓涓	漸漸
ABB				
一棵棵	一朵朵	一波波	一隻隻	一座座
一滴滴	一群群	一疊疊	一串串	毛茸茸
呼嚕嚕	胖嘟嘟	髒兮兮	靜悄悄	綠油油
白茫茫	黃澄澄	烏溜溜	亮晶晶	陰沈沈
氣呼呼	笑嘻嘻	懶洋洋	醉醺醺	圓滾滾
藍湛湛	冷冰冰	光禿禿	兇巴巴	瘦巴巴
白嫩嫩	黑漆漆	水汪汪	紅腫腫	火辣辣
溼漉漉	紅通通	熱騰騰	色瞇瞇	甜蜜蜜
油膩膩	喜孜孜	滑溜溜	熱呼呼	白胖胖
興匆匆	笑咪咪	黑鴉鴉	涼颼颼	硬梆梆
香噴噴	白花花	冷颼颼	鬧哄哄	陰森森
雄糾糾	氣昂昂	血淋淋	喜洋洋	牙癢癢
圓鼓鼓	眼巴巴	樂陶陶	鬆垮垮	空盪盪
黑黝黝	假惺惺	活生生	笑吟吟	光溜溜
孤零零	惡狠狠	羞答答	眼睜睜	輕飄飄
響噹噹	嘩啦啦	慢吞吞	苦哈哈	赤裸裸
坦蕩蕩	嬌滴滴	淚汪汪	軟綿綿	頂呱呱
白晃晃	灰撲撲	死翹翹	大喇喇	沈甸甸
AAB				
飄飄然	紅紅的	圓圓的	大大的	硬硬的

軟軟的	呱呱叫	柔柔的	汪汪叫	咕咕叫
輕輕的	散散心	透透氣	悄悄的	苦苦的
洗洗澡	喝喝茶	吵吵架	抓抓癢	按按摩
欣欣然	偷偷地	傻傻的	默默的	痴痴的
跑跑步	散散步	眨眨眼	團團轉	哈哈笑
走走路	看看書	下下棋	跺跺腳	逛逛街
AABB				
香香脆脆	彎彎曲曲	蹦蹦跳跳	迷迷濛濛	大大小小
老老少少	乾乾淨淨	整整齊齊	粉粉嫩嫩	香香濃濃
哭哭啼啼	酸酸甜甜	戰戰兢兢	吱吱喳喳	瘋瘋癲癲
吞吞吐吐	吵吵鬧鬧	雙雙對對	婆婆媽媽	高高興興
匆匆忙忙	轟轟烈烈	懶懶散散	安安穩穩	漂漂亮亮
扭扭捏捏	風風雨雨	洋洋灑灑	矮矮胖胖	高高低低
健健康康	細細長長	隱隱約約	滴滴答答	急急忙忙
點點滴滴	白白淨淨	平平安安	來來往往	歡歡喜喜
大大方方	反反覆覆	仔仔細細	出出入入	紮紮實實
嘻嘻哈哈	規規矩矩	三三兩兩	時時刻刻	熙熙攘攘
沸沸揚揚	朝朝暮暮	形形色色	浩浩蕩蕩	渾渾噩噩
花花綠綠	簡簡單單	安安靜靜	恭恭敬敬	鬼鬼祟祟
打打殺殺	千千萬萬	吃吃喝喝	悽悽慘慘	清清楚楚
斯斯文文	拉拉扯扯	風風光光	白白胖胖	冷冷清清
唯唯諾諾	結結巴巴	搖搖晃晃	明明白白	和和氣氣
老老實實	躲躲藏藏	汲汲營營	分分秒秒	長長久久
其他				
文質彬彬	氣喘吁吁	絲絲入扣	議論紛紛	喃喃自語
悶悶不樂	昏昏欲睡	栩栩如生	姍姍來遲	虎視眈眈
蟲聲唧唧	沾沾自喜	奄奄一息	欣欣向榮	斤斤計較
嘖嘖稱奇	喋喋不休	頭頭是道	竊竊私語	朗朗上口
彬彬有禮	滔滔不絕	井井有條	津津有味	依依不捨
呱呱墜地	興致勃勃	小心翼翼	死氣沈沈	飄飄欲仙
亭亭玉立	來勢洶洶	嗷嗷待哺	小時了了	心心相印
津津樂道	蠢蠢欲動	行色匆匆	楚楚動人	依依不捨

瓜瓞綿綿	格格不入	飢腸轆轆	剌剌不休	風度翩翩
泛泛之交	洋洋得意	花花世界	逃之夭夭	蒸蒸日上
牙牙學語	搖搖欲墜	草草了事	鼎鼎大名	多多益善
遙遙無期	虎虎生風	岌岌可危	侃侃而談	寥寥可數
落落大方	沒沒無聞	息息相關	憂心忡忡	源源不絕
躍躍欲試	孜孜不倦	諄諄告誡	衣冠楚楚	循循善誘

參考答案

故事屋：

1. 白白、白茫茫、紅通通、白嫩嫩、隨隨便便、黑鴉鴉、烏溜溜、藍湛湛、漸漸、點點頭、黑黝黝、黑黑。
2. 公主的皮膚像就雪一樣白（譬喻法），摸起來，比初生的小草還要細嫩呢！（誇大法）

小小練習2的提示：

1. 彎彎的
2. 兇巴巴的
3. 慢吞吞的

小小練習3的提示：

1. 黏答答的
2. 熱呼呼的
3. 靜悄悄的

小小練習4的提示：

1. 吵吵鬧鬧
2. 花花綠綠
3. 一串串

學習單（二）參考：

1. 咩咩。小綿羊「咩咩」地叫，好可愛喔！
2. 笑呵呵。阿公笑呵呵地對我說：「要乖喔！」
3. 氣呼呼。爸爸氣呼呼地坐在沙發上。
4. 一朵朵。花園裡，一朵朵的玫瑰盛開。
5. 圓圓的。妹妹有一張圓圓的小臉。

6.香香濃濃。早上我喝了一杯香香濃濃的牛奶。
7.汪汪叫。鄰居養了一隻愛汪汪叫的狗。
8.冷冰冰。夏天泡在冷冰冰的水裡，非常舒服。

（二）段落寫作參考答案：

1.漂漂亮亮、吱吱喳喳、滑溜溜、香香濃濃、甜甜的
2.清晨起床，耳邊就聽見窗外的鳥兒吱吱喳喳地叫著，非常清脆好聽！我走到浴室刷牙洗臉，肥皂滑溜溜的觸感，讓人感覺好舒服。媽媽泡了一杯熱牛奶，要我喝了再出門，聞著香香濃濃的奶香，那甜甜的口感，讓我的心都暖和起來。喝完牛奶，媽媽幫我打扮得漂漂亮亮的，就送我去上學校了。

測驗一下

1.下列文句「」中的疊字，何者與聲音有關？

（A）這朝來水「溶溶」的大道。
（B）昆蟲在小雞間來去「翩翩」。
（C）長途貨車駛過「纍纍」的河床。
（D）林叢的舞樂與「泠泠」的流歌。

答案：（D）。

解答：（A）「溶溶」是明淨潔白的樣子，指剛下過大雨，雨後街道乾淨的樣子，（B）「翩翩」（ㄆㄧㄢ）是往來的樣子，昆蟲在小雞間飛舞往來，（C）「纍纍」（ㄌㄟˇ）是繁多、重積的樣子，都和聲音無關。（D）「泠泠」（ㄌㄧㄥˊ）是狀聲詞，形容清脆激越的聲音，指流水聲，所以答案是（D）。

2.「磨刀霍霍向豬羊」的「霍霍」是狀聲詞，用來形容磨刀的聲音。下列「」中的詞語，何者也是形容聲音的狀聲詞？

（A）「必必剝剝」的爐火。
（B）「稀稀疏疏」的雨滴。
（C）「裊裊」上升的炊煙。

（D）「滔滔」東流的江水。

答案：（A）。

解答：（B）「稀稀疏疏」是稀少而不稠密的樣子，指雨量稀少，（C）「裊裊」（ㄋㄧㄠˇ）指炊煙縈迴繚繞的樣子，（D）「滔滔」是水流滾滾不絕的樣子，都是視覺感受，和聲音無關。（A）「必必剝剝」是狀聲詞，形容柴枝因火燒灼而爆裂的聲音，所以答案是（A）。

3. 下列選項，何者不屬於動態的描寫？

（A）牠像虹似地一下就消逝了，留下的是無限的迷惘。

（B）母親洗淨雙手，撮一撮桂花放在水晶盤中，送到佛堂供佛。

（C）他那秀美的面容，悠閒的態度，完全表現出一個書生政治家來。

（D）他用兩手攀著上面，兩腳再向上縮，他肥胖的身子向左微傾，顯出努力的樣子。

答案：（C）。

解答：（A）講的是鳥，鳥被驚動後飛去，形容成「像虹似地一下就消逝了」，是動態描寫，（B）寫母親的動作，先洗手，再撮一撮桂花，放到水晶盤，最後送到佛堂，洗、撮、放、送等都是動詞，是動態描寫，（D）寫父親穿過鐵道的動作，先是手攀住東西，兩腳向上縮，把身體向左傾等一連串動作，也是很細膩的動態描寫。（C）是用白描法寫人，沒有寫到任何動作，不屬於動態描寫，所以答案是（C）。「白描」，是取人物或事物的特徵，再用簡潔的文字描寫出來，而沒有使用太多詞彙渲染。

4.「紅紅的玫瑰花園，有如興旺的火海，充滿了春天的氣息」，是用了「譬喻」的修辭法。下列哪一項也使用了「譬喻」的修辭技巧？

（A）看！粗大合抱的樹幹，株株頂天立地，令人油然生敬。

（B）憂愁是一道藩籬，阻絕了人與許多美麗事物的結緣。

（C）秋天到了，有的樹開始落葉，為將來的冬天而歎息。

（D）鄉村是舒適寧靜的，而都市是繁華熱鬧的。

答案：（B）。

解答：題目的「有如」是譬喻法的明喻。（A）是把形容人品的「頂天立地」拿來形容樹的高大，這是轉化法，（C）說樹的落葉是因為冬天要來而歎息，是將樹給擬人化了，（D）把鄉村和都市放在一起比較，是對比法，以上都不是譬喻法。（B）把憂愁比喻為一道藩籬，是譬喻法中的「暗喻」，所以答案是（B）。

5.「在浩瀚的宇宙中，人類渺小得有如滄海之一粟」，在這句話中，運用了譬喻修辭技巧，以「滄海之一粟」來比喻人類的渺小。下列何者也使用相同的修辭法？

（A）祕密彷彿烈日下的冰淇淋，無法長久保留。

（B）如果少了和顏悅色，關心往往成為一種負擔。

（C）下午的陽光從荷葉上反彈過來，翠綠映入眼睛。

（D）她們長相神似，感情親密，是一對人見人羨的好姐妹。

答案：（A）。

解答：題目的「有如」是譬喻法的喻詞。（B）、（D）是直接敘述的句子，沒有使用其他的修辭法，（C）使用轉化法，將陽光轉化成會反彈的物質。（A）的「彷彿」是譬喻法的喻詞，把祕密比喻為冰淇淋，形容祕密和冰淇淋一樣，都是不能長久保留的，祕密很容易被洩漏出去，就像冰淇淋會很快地溶化，所以答案是（A）。

6.「歸納當代瑞士建築師的作品，就像瑞士的鐘錶般，有一份對精準品質的堅持。」這段話是運用了譬喻法，下列何者也使用了相同的修辭技巧？

(A)浩瀚的海洋是壯闊的，廣漠的森林是無垠的。

(B)倚門而望的父母，心中充滿的是期望與等待。

(C)遊民是浪跡天涯的候鳥，卻沒有固定的遷移路線。

(D)在雙方家長大力撮合下，他倆如願步入結婚禮堂。

答案：(C)。

解答：本題要分辨「是」、「如」的用途，是否為譬喻法，(A)、(B)的「是」當動詞用，(D)的「如」與「願」連用，達成心願的意思。(C)的「是」是譬喻法的暗喻，把遊民比喻為浪跡天涯的候鳥，所以答案是(C)。

7.擬人法是將物比擬為人的修辭法。下列文句，何者不屬於擬人法？

(A)假使海做出種種野蠻惡毒的事，那是因它無法控制自己。

(B)大自然痛下毒手，發動土石流，向破壞生態的人類抗議。

(C)走入溪頭，只見林木蔥蘢，泉水淙淙，彷彿是人間仙境。

(D)桃花聽得入神，禁不住落了幾點粉淚，一片片凝在地上。

答案：(C)。

解答：本題是要你挑出「不是」擬人法的選項。其中(A)、(B)、(D)都是擬人法，(A)的大海不能控制自己，做出惡毒的事，(B)的大自然可以對人類下毒手和抗議，(D)的桃花聽了鳥兒的聲音，會感動落淚，這些都是人的行為，只有(C)用譬喻法比喻溪頭的風景像人間仙境，所以答案是(C)。

8.「突然那風抬起手／牽著女孩的衣角」，句中使用了「擬人」修辭法。下列文句，何者也使用了相同的修辭技巧？

（A）小鳥跳響在枝上，如琴鍵的起落。

（B）枝頭上清澀的果子，靜靜地等待成熟。

（C）聆聽自己的心跳，那一聲聲沈穩的跳動。

（D）他對著搗米的杵，喃喃地訴說自己的感謝。

答案：（B）。

解答：本題是要你選出使用擬人法的句子。（A）是將小鳥跳比喻為琴鍵的起落，是譬喻法，（C）是用疊字形容心跳聲，（D）是人對杵訴說感謝，都不是使用擬人法，只有（B）果子的「等待」是人的行為，所以答案是（B）。

9.短文：

那一年寒假過後，我帶學生去畢業旅行。

我們在海岸漫步，寒風從無所阻擋的海上撲來，人幾乎被吹倒於地，千頃波濤如萬匹白馬，奔騰而至。我低頭尋覓岸上的植物，忽見修長的白草都往同一個方向仆倒，平貼地面，如熨斗燙過一般。居然沒有一枝草有骨，能挺直站立；居然沒有一枝草有膽，敢反抗風潮，朝另一個方向傾斜。

於是，我想在時代的思潮、社會的風氣之下，有多少人可以保持一點點超越的清醒？有多少人可以保持些許對真理的堅持？——〈風行草偃〉

下列何者是本文的寫作脈絡？

（A）敘事→抒情→寫景。

（B）敘事→寫景→議論。

（C）寫景→敘事→議論。

（D）寫景→議論→敘事。

答案：（B）。

解答：短文共分成三段，本題是要你分辨出各段的主題，是抒情、敘事、寫景還是議論。「寫作脈絡」的意思，就是寫文章每一段的條理次序。第一段，寫作者提到自己帶學生去畢業旅行的事，所以是「敘事」。第二段，寫海上的風浪很大，和岸上植物被風吹倒的景象，所以是「寫景」。第三段，寫作者的看法，作者從小草被風一吹就倒，不敢抗拒風的壓力，想到社會上有許多人也如小草一般，不敢反抗錯誤的時代風潮，不敢堅持真理，所以是「議論」。答案是（B）敘事→寫景→議論。

10. 準備餵小狗吃飯的老爸：「誰吃了我放在餐桌上的狗罐頭？」
兒子大驚失色：「你說什麼？」
女兒幸災樂禍：「誰叫你嘴饞呢？」
老媽氣急敗壞：「你怎麼把狗罐頭隨便亂放呢？」
以上對話中，誰的話是真正在表達心中的疑問？
（A）老爸。
（B）兒子。
（C）女兒。
（D）老媽。

答案：（A）。

解答：本題是要你看懂對話中的語氣。（A）老爸覺得奇怪，不知是誰吃了狗罐頭，所以提出疑問問家人，是真正表達心中的疑問，（B）兒子是聽到老爸的問題，覺得很驚訝，或是聽不清楚再問一次，（C）女兒是幸災樂禍，表面是疑問句，其實是肯定的句子：「你不該嘴饞！」（D）老媽是責備老爸，表面是疑問句，其實是肯定的句子：「你不該把狗罐頭隨便亂放。」所以答案是（A）。

11. 創作時，若能將抽象的情感以具體的事物來表達，常能使讀者更能領略作品的內涵。下列文句對「痛苦」的描述，何者符合上述的寫作技巧？

(A)小狗的眼睛流露出痛楚的神色，不斷絕望地搖晃著腦袋。

(B)一日應盡的責任沒有盡到，到夜裡便會承受苦痛的折磨。

(C)痛楚一次一次地加劇，初如針刺，次如電擊，再如刀割。

(D)「痛苦會過去，美會留下。」無論多痛苦，他都不放棄。

答案：（C）。

解答：本題要你找出哪種痛苦是用「具體的事物」來比喻。(A)、(B)、(D)都是直接描述痛苦的情緒，但沒有拿事物比喻，只有(C)是把痛苦以「針刺」、「電擊」、「刀割」等，來具體形容痛的程度和感覺，所以答案是(C)。

12. 下列文句「」中的疊字形容詞，何者用( )中的疊字代替後，文意不變？

(A)看著別人溜直排輪的英姿，他也有「躍躍」欲試的衝動——（洋洋）。

(B)一陣寒風吹來，樹葉「簌簌」地響，我忍不住打了個哆嗦——（沙沙）。

(C)只要得到師長的讚美，他就忍不住「沾沾」自喜，四處宣揚——（嘖嘖）。

(D)屋後一流清淺，泉水激石，「泠泠」作響，我側耳傾聽這天籟——（淒淒）。

答案：（B）。

解答：(A)的「躍躍」是喜悅的樣子，「洋洋」是得意的樣子，不能代替，(C)的「沾沾」自喜，是自以為得意而滿足，「嘖嘖」是讚賞的聲音，不能代替，(D)的「泠泠」是水聲，「淒淒」是水流的樣子，也是悲傷哀痛的樣子，不能代替。(B)的「沙沙」、「簌簌」都是草動的聲音，可以代替，所以答案是(B)。

13.「淚眼問花花不語，亂紅飛過秋千去」，句中以人的動作——「不語」來描述「花」，是將花擬作人的修辭技巧。下列何者也使用了這種技巧？

(A)你說我像詩意的雨點，輕輕地飄上你的紅靨。

(B)我失眠，唯一能在黑暗中撫養我長大的夢拋棄了我。

(C)古人從遙遠的陰暗中走出，走成一部稀世珍貴的石刻史書。

(D)蒼茫茫的天涯路是你的漂泊，尋尋覓覓常相守是我的腳步。

答案：(B)。

解答：解答：題目詩中的「花不語」是擬人法，花不回答。(A)「像」是譬喻法的明喻，(C)「石刻史書」借代為歷史，(D)「蒼茫茫」、「尋尋覓覓」是疊字，(B)「夢」不會「撫養」人長大，所以答案是(B)。

14.下列「　」中疊字的使用，何者最恰當？

(A)秋意一染上山頭，樹上的紅葉便「渺渺」地落下。

(B)門口一傳來「噹噹」的笑聲，就知道媽媽回來了。

(C)「叢叢」蘆荻布滿江畔，在寒風中不住地向行船招搖。

(D)天未亮，大家就已聚在山頂，等待旭日「皚皚」(ㄞˊ)上升。

答案：(C)。

解答：(A)「渺渺」是遼闊而蒼茫的樣子，應改成「飄飄」，風吹的樣子才正確，(B)「噹噹」是鐘聲，可改成「哈哈」笑聲，才正確，(D)「皚皚」是積雪的樣子，可改成「緩緩」，慢慢的樣子才正確，(C)「叢叢」形容草木茂密，所以答案是(C)。

國家圖書館出版品預行編目資料

小學生寫作文從這裡開始／高詩佳著.--三版.--臺北市：五南圖書出版股份有限公司, 2023.07
面； 公分
ISBN 978-626-366-209-4(平裝)

1.漢語教學 2.作文 3.寫作法 4.小學教學

523.313 112009224

1X9K 悅讀中文

小學生寫作文從這裡開始

作　　者 — 高詩佳(193.2)
發 行 人 — 楊榮川
總 經 理 — 楊士清
總 編 輯 — 楊秀麗
副總編輯 — 黃惠娟
責任編輯 — 陳巧慈
封面設計 — 米栗設計工作室、陳亭瑋
美術設計 — 米栗設計工作室
出 版 者 — 五南圖書出版股份有限公司
地　　址：106台北市大安區和平東路二段339號4樓
電　　話：(02)2705-5066　傳　　真：(02)2706-61
網　　址：https://www.wunan.com.tw
電子郵件：wunan@wunan.com.tw
劃撥帳號：01068953
戶　　名：五南圖書出版股份有限公司
法律顧問　林勝安律師
出版日期　2007年11月初版一刷
　　　　　2012年 1 月二版一刷
　　　　　2023年 7 月三版一刷
定　　價　新臺幣280元

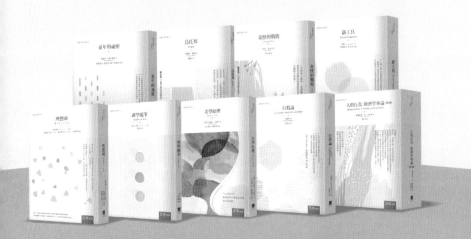